Wilhelm Hertz

Der Werwolf

Beitrag zur Sagengeschichte

Wilhelm Hertz

Der Werwolf

Beitrag zur Sagengeschichte

ISBN/EAN: 9783944349305

Auflage: 1

Erscheinungsjahr: 2013

Erscheinungsort: Bremen, Deutschland

Cover: Ausschnitte aus einem Gemälde von Lucas Cranach.

Der Werwolf.

Beitrag zur Sagengeschichte

von

Dr. Wilhelm Hertz.

Homo homini lupus.

Stuttgart.

Verlag von A. Kröner.

1862.

Der Name Werwolf, unrichtig Wåhrwolf geschrieben, hat den älteren Erklärern viel Kopfzerbrechen verursacht. Wolfeshusius in seiner Schrift De Lycanthropis p. 9 erklärt Werwolffe — quasi varios; Happelius, Relationes curiosae, Hamburg 1687, T. III. p. 493: „Wahrwölffe, die von Unsinnigkeit so eingenommen seyn, daß sie eben das thun, und die Leuthe anfallen, als wan sie wahrhaftige Wölffe wären." In Haubers Bibliotheca Magica 29. Stück 1742 wird aus der Nordschwebischen Hexerei oder Simia Dei p. 102 die Erklärung Wahr=, Gefahr=, Fahrwölfe angeführt. H. J. Fischart in der Uebersetzung der Daemonomania Bodins p. 122 leitet das Wort von dem französischen garou (loup-garou) und dieses als „von den Teutschen Francken her behalten" von Garaus, „von wegen ihrer Grewlichkeit, darmit sie Alten vnnd Kindern den Garauß machen, oder soviel als Fahrauß von den geschwinden Außfahrten dieser Wölff. Daher auch etliche für Wehrwolff Fahrwolff, Wahrwolff und Gwarwolff sagen, vermeinend es komme von Gefahr oder Gewar, das ist von Sorg vnnd Hüten, wie es dann nicht so gar vngereimpt lautet: vnnd auf dise weiß Bestünden der Frantzosen Wörter alle mit dem G. V. W. vnnd Gw. in Teutscher Etemology." Die letztere Ansicht vertritt auch eine Deutung des englischen werewolf in einem Manuskript der Bodleiana zu Oxford (Nr. 546). Ther ben somme, that eten chyldren and men and eteth noon other flesh, fro that tyme, that thei be acharmed with mannys flesh, for rather thei wolde be deed; and thei be cleped werewolfes, for men shulde b e war of hem.[1]) — Ein neuerer englischer Gelehrter leitet das Wort von war, wer Krieg[2]) ab (Brief an Lord Cawdor, der Ausgabe des altenglischen Gedichts William and the Werwolf von Madden, Lond. 1832, vorgedruckt). — Die älteste richtige Erklärung findet sich bei Gervasius Tilburiensis, Otia Imperialia (um's Jahr 1211), herausgegeben von F. Liebrecht, Hannover 1856, p. 4: Anglici vero werewlf dicunt, were enim Anglice virum sonat, wlf lupum. Dieselbe wiederholt Verstegan, Restitution of Decayed Intelligence, Antwerp. 1605, p. 236. Somner, Dictionarium Saxonico-latino-anglicum, Oxon. 1659. 2. Wachter, Glossarium Germanicum. Lipsiae 1737. 2. v. werewulf u. A.

Wer heißt Mann, g. vair, altn. ver, alts. wer, ags. ver, ahd. wer, sanskr. vîra heros, lat. vir, lith. wyras, altpreußisch wirs, wälisch gwr, irisch fair, fear. Das Wort ist uns noch erhalten in Wergeld — werigelt, und verborgen in Welt — ahd. weralt, mhd. werlt; das in Starkenburg und Oberhessen als Familienzuname vorkommende „Werwatz" ist eine ganz ähnliche Composition wie Werwolf, watz ist der Eber (isl. hvatr das Männchen von den Thieren überhaupt), das Wort wird als Schimpfname für einen gefräßigen Menschen gebraucht. Weigand in Wolf's Zeitschrift für deutsche Mythologie, Göttingen 1853. I. p. 5. Eine Corruption von Werwolf ist das hin und wieder vorkommende bär-

---

[1]) Halliwell, Dictionary of Archaic and Provincial Words. Lond. 1855, I. p. 15, v. acharmed.

[2]) Ein altenglisches Wort war-wulf existiert allerdings, das Mathäus von Westminster mit lupus belli übersetzt, Annals of Scotland I. 279, note. Es bezeichnet eine Wurfmaschine, welche Edward I. bei der Belagerung von Stirling benützte. Peter Langtofts Chronicle, published by Th. Hearne, Oxford 1725, II. 326 hat ein Wort ludgare oder lurdare, was nach Lord Hailes Conjectur eine Corruption von loup de guerre ist. Annals II., 346. Grose in seinem Glossary of provincial words erinnert an eine von Procop De bello Gothico L. I. c. 27 erwähnte Kriegsmaschine lupus, welche er mit der Edwards I. für identisch hält; Du Cange v. Lupus hält jedoch den lupus Procops für eine bloße Vertheidigungsmaschine. Jamieson, Etymological Dictionary of the Scottish Language, Edinburgh 1840, II. v. warwulf. Dieses Wort hätte also, wenn die Uebersetzung des Mathäus nicht auf einem Mißverständniß beruht, nichts mit der Vorstellung vom Werwolf zu schaffen.

wolf, Wachter, Glossarium Germ. — berwolff, Camerarius, Operae Horarum subcisivarum, Frankof. 1615. I. p. 327. — berwulf, Schambach und Müller, Niederländische Sagen, Göttingen 1855. p. 182 u. f. w. — Werwolf heißt also Mannwolf, ein Wolf, der eigentlich ein Mensch ist.[1]

Noch größern Aufwand von Scharfsinn als der Name hat jedoch die Sache in Anspruch genommen. Mit der Hexenfrage war auch das Ob und Wie der Wolfsverwandlung Gegenstand der lebhaftesten Discussion geworden. Wir haben aus den letzten drei Jahrhunderten eine ganze Reihe von Monographien über den Lycanthropus und die Thierverwandlung: Wolfeshusius, De Lycanthropis, Lipsiae 1591. 4. — Claude Prieur, Dialogue de Lycantropie ou transformation d'hommes en loups vulgairement dits Loups-Garous, et si telle se peut faire, Louvain. 1596. 8. — Chauvincourt, Discours de la Lycantropie ou de la transmutation des hommes en loups. Paris 1599. 8. — Nynauld, De la Lycantropie, Transformation et Extase de Sorciers. Paris 1615. 12. — Fortunius Licetus, Ulisses apud Circen, Dialogus de quatruplici transformatione hominum, Utini 1636. 4. — Die von Wolfg. Ambros. Fabricius am 26. Februar 1649 in der Aula zu Straßburg vertheidigten Thesen von der *ΛΥΚΑΝΘΡΩΠΙΑ*, Argentorati 1649. — Mei, De Lycanthropia, Witteb. 1650. 4. — Ziegrae, Disputatio contra Opliantriam, Lycanthropiam etc. Witteb. 1650. 4. — Niphanius, De Lycanthropia, Witteb. 1654. 4. — Thomasius, De transformatione hominum in bruta, Lips. 1667. 4. — Jac. Fr. Müller, De transmutatione hominum in lupos, Lips. 1673. 4. — Reinhardi Therantropismus, Witteb. 1673. 4. — Schelwig, De Lycanthropia, Gedani 1679. 4. — Seligmann, De dubiis hominibus, in quibus forma humana et brutina mista fertur, Lips. 1679. 4. — Lauben, Dialogi und Gespräche von der Lycanthropia oder der Menschen in Wölff Verwandlung, Frankfurt 1686. 12. — Philosophische Abhandlung von dem Entstehen, der Natur und dem Aufhören der Waarwölfe, Danzig 1746. 4. — In der neuesten

---

[1] Das germanische Wort premiert in der Zusammensetzung den Begriff Wolf, das griechische *λυκάνθρωπος* umgekehrt den Begriff Mensch.

Zeit erschien Leubuscher, Ueber die Wehrwölfe und Thierverwandlungen im Mittelalter, Berlin 1850. 8.

Außerdem ist wenigstens die Berührung der Frage in keinem der unzähligen Bücher über Zauberei und Hexenwesen versäumt worden. Ich erwähne hier von den mir zugänglichen: Malleus Maleficarum, Pars I, Quaestio X. — Liechtenberg, Hexenbüchlein, das ist ware Entdeckung und Erklärung oder Declaration fürnämlicher Artikel der Zauberey, durch J. Wecker an tag geben 1575. 8. ohne Pagination. — Joannes Wierus, De praestigiis Daemonum, Basil. 1583. 4. De Lamiis Liber, Cap. XIV. — Bodin, De la Demonomanie des Sorciers, Paris 1587. 4. — De Magorum Daemonomania, Francof. 1603. 8. — Uebersetzt von Fischart, Vom Außgelassenen Wütigen Teüffelsheer, Straßb. 1591. fol. — Des weyland Hochgelehrten Johannis Bodini Daemonomania oder außführliche Erzehlung des wütigen Teuffels, im andern Theil von Remigius, Daemonolatria, Hamb. 1698. 8. Lib. II. C. I. — Binsfeldius, Tractatus de Confessionibus Maleficorum et Sagarum, Augustae Trevirorum 1591. 8. p. 178. Uebersetzt: Tractat von Bekanntnuß der Zauberer und Hexen, Trier 1590. 12. fol. 47. — Peucerus, Commentaria de praecipuis divinationum generibus, Servestae 1591. p. 166. — J. R. (Jacobus Rex), Daemonologie in Forme of a Dialogue, divided in three bookes, Edinb. 1597. 4. Third Booke, Chap. I. — R. V. (R. Verstegan) A Restitution of Decayed Intelligence in antiquities, Antwerp. 1605. 4. p. 237. — Boquet, Discours des sorciers, seconde Edition. Lyon 1608. 8. Chap. LIII. — De l'Ancre, Tableau de l'Inconstance des Mauvais Anges et Demons. Paris 1613. 4. L. IV. Discours II.: De la Lycanthropie. Uebersetzt: Wunderbahrliche Geheimnussen der Zauberey darinn auß der Uhrgicht vnd Bekenntnuß vieler vnderscheidlicher Zauberer vnd Zauberinnen die vornembste Stück, so bey solchem Teuffelswesen vmbgehen, beschrieben werden, gedruckt i. J. 1630. 4. — Kornmann, De miraculis vivorum, Franeof. 1614. 12. p. 202. — Camerarius, Operae Horarum subcisivarum, 1615. 4. Centuria prima. Cap. LXXII. — Cervantes, Persiles y Sigismunda L. I. c. 18. — G. H. (George Hakewill), An Apologie of the Power and Pro-

vidence of God in the Government of the World. Oxf. 1627. fol.
L. I. C. I. Sect. 5. — Boissardus, Tractatus posthumus de Divi-
natione et Magicis Praestigiis, Oppenheimii. fol. p. 54. — Praetorius, Gründlicher Bericht von zauberey und zauberern, Franff. 1629.
4. p. 74. — Praetorius, Anthropodemus Plutonicus, das ift eine
neue Weltbeſchreibung, Magdeb. 1666. p. 255: Von Thier=Leuten. —
Dannhauer, Theologia Conscientiaria. P. 2. fol. 462. — From-
mann, De Fascinatione magica. fol. 752. — Göbelmann, Von
Zauberern, Hexen und Unholden, überſetzt durch Nigrinum, Franff. 1692.
4. 2. Buch. 3. Capitel. — Gockel, Von dem Beſchreyen und Ver=
zaubern, Franff. u. Leipz. 1717. p. 27. — Schauplatz vieler Unge=
reimten Meynungen und Erzehlungen von Tharsandern. 14. Stück.
Berlin u. Leipz. 1738. Nr. 49: Von Weer=Wölfen. — Hauber,
Bibliotheca Magica. 29. Stück. Cap. CCXLIII. Curiofe Erzählung
von den Währ=Wölffen. Anno 1742.

Es würde zu weit führen, wollte ich alle Erklärungstheorien dieſer
gelehrten Herren hier einzeln beſprechen. Ich kann mich ohnebieß um ſo
kürzer faſſen, als ſchon Leubuſcher im zweiten Theil ſeiner Abhandlung
die wichtigſten Anſichten zuſammengeſtellt hat. Nur Wenige nahmen eine
ſubſtanzielle Umwandlung des menſchlichen Körpers an; darunter Bodin
geſtützt auf Ausſprüche der Philoſophi Pomponatius, Theophraſtus Para=
celſus, Fernelius und Thomas von Aquino,[1] ferner Liechtenberg, der ſich
bemüht, ſeinen Leſern die Sache durch folgendes Bild klar zu machen:
„Wie ein hafner auß eim leym ein frug, ein kachel oder anber geſchirr,
vnd wieder zerbrochen machen mag, alſo iſt dem geyſt vnd der Hexen.
Der geyſt iſt der meiſter, die Hexen der leym, vnd auff ſolich weiß wirt
auß der Hexen ein katz, wolff, geiß u. ſ. w. vnd wirt da der perſon nichts
genummen, noch hinzu geſetzt. Sonder wie der leym in die, bann in die
andere form geknettet wirt, alſo beſchicht auch das, ſeynd ding den geiſtern
möglich vnd bekannt.“ — In dem Capitel: Wie ſich die Hexen in thier
verkören.

Die meiſten übrigen Schriftſteller leugnen dieſe wirkliche Verwand=

---

[1] Fiſcharts Ueberſetzung p. 126.

lung, hauptsächlich. gestützt auf Augustin [1]) und das Concil von Ancyra
(i. J. 381), welches ausdrücklich decretiert: Quisquis ergo aliquid credit
posse fieri, aut aliquam creaturam in melius aut deterius posse im-
mutari aut transformari in aliam speciem vel similitudinem, nisi ab
ipso Creatore, qui omnia fecit et per quem omnia facta sunt, procul
dubio infidelis est et Pagano deterior. [2])

Die Wenigsten aber sind es, welche sämmtliche Berichte von Thier=
verwandlungen für Lug und Trug erklären, wie z. B. Hauber a. a. O. III. 288.

Ich will die Resultate der weniger frivolen Untersuchungen in Kürze
zusammenfassen: Es liegt im Geist jener Jahrhunderte, welcher in der
Hexenbulle des Papstes Innocenz VIII. (Summis desiderantes vom
5. November 1484) und im Hexenhammer (1489) die Herrschaft des
Teufels auf Erden proclamierte und ihm zu Ehren in allen Ländern
Europas Scheiterhaufen qualmen und Schaffote triefen ließ, — es liegt
in diesem finstern Geist, daß der Satan, von dessen Macht selbst die
ersten Männer der Zeit sich nicht frei machen konnten, [3]) auch in der
überwiegenden Mehrzahl jener Schriften, welche die Wissenschaft repräsen=
tieren sollten, die Hauptrolle spielte. Man distinguierte so: entweder er=
scheint der Lycanthropus nur sich als Wolf oder er erscheint auch so den
Andern. Im ersten Fall sind seine Sinne durch teuflische Phantasmata,
durch Vermengung der quatuor humores zerrüttet; im letztern Falle lassen
sich 4 modi sive rationes unterscheiden:

1) Der Teufel, der nur zu täuschen, nicht zu schaffen vermag, ver=
   blendet die Augen der übrigen Menschen, daß sie in dem Lycan=
   thropus wirklich einen Wolf zu sehen meinen, obgleich dieser seine
   Menschengestalt nicht verändert hat.

---

[1]) De civitate Dei. L. XVIII. c. 16, 17, 18. S. auch Agrippa ab Nettesheim,
De incertitudine et Vanitate omnium Scientiarum et Artium, Hagae Comitum 1662.
C. XLIV. p. 149.

[2]) Can. XXVI. Quaest. V. — Wolfeshusius, De Lycanthropis p. 16. Joh.
Wagstaffs ausgeführte Materie von der Hexerei p. 66. Schauplatz ungereimter Mei=
nungen, 14. Stück p. 582. Cardinal Boronius, Annales Ecclesiastiques. Vol. IV.
sagt ein Gleiches von einem Concil zu Rom i. J. 382. S. auch Jus Canonicum,
Causa XXVI. Quaestio V. Cap. 12.

[3]) Man denke an Luthers Teufelsglauben und Teufelshallucinationen.

2) Der Teufel umhüllt den Menschen mit einem Wolfsfell, das er
ihm völlig anzupassen versteht.

3) Der Teufel umhüllt ihn mit einer Wolfsgestalt aus verdichteter
Luft. [1]

4) Der Teufel versenkt ihn in einen tiefen Schlaf und vollbringt indeß
in Wolfsgestalt die Thaten, welche der Schlafende nur träumt. [2]
Das letztere galt für wahrscheinlicher als die wohl auch zuweilen
aufgestellte Ansicht, die Seele verlasse den Leib und schweife mit
einem wirklichen oder scheinbaren Wolfskörper umher.

In den drei erstern Fällen erklärt sich von selbst, warum die Wun=
den, welche dem Werwolf beigebracht werden, sich bei dem rückverwandel=
ten Menschen an derselben Stelle finden; im letztern Fall bringt der
Teufel bei seiner Zurückkunft dem Schläfer die Wunden an der Stelle
bei, wo er sie selbst empfangen hat.

Damit haben wir das Wesentliche beisammen, was das sechszehnte
und siebzehnte Jahrhundert im Verständniß unserer Werwolfsage geleistet
haben, und es mag dieß zur Befriedigung der ersten Neugierde genügen.
Aus der neueren Zeit, wo man den Streit über die Möglichkeit und
Wirklichkeit der Thierverwandlung hinter sich hat, sind u. A. folgende
Ansichten über die Sage zu erwähnen: Keysler in seinen Antiquitates
Selectae Septentrionales et Celticae, Hannoverae 1720. 8. erklärt den
Glauben an Thierverwandlung aus einer Wahnvorstellung delirierender
Kranker und schreibt einer falschen Auslegung von Daniel, Cap. 4. v.
22 ff., wo von dem thierischen Leben Nebukadnezars erzählt wird, viel
von diesem Aberglauben zu. — Wachter in seinem Glossarium Ger-
manicum führt die Wolfsverwandlung auf alte Cultusgebräuche, auf die
Fellbekleidung der Priester bei heiligen Festen zurück. [3] Dieser Ansicht
neigt sich J. Grimm zu, Deutsche Mythologie. p. 997. 1047. — Mr.

---

[1] S. Elichius, Daemonomagia. C. 12.
[2] S. Sennertus, Institutiones Medicinae, Venet. 1641, fol. L. II. P. 3.
Sect. 1. C. 7.
[3] Wachter führt seine Betrachtung mit folgenden Worten ein: »Si res ex mori-
bus hominum aestimetur lupos ex hominibus fieri et ex lupis homines, certissimum
est et omnium saeculorum experientia probatum.«

Herbert[1]) bezieht bie Sage auf alte Menschenopfer und vermuthet, daß periobische Werwolffein sei ibentisch mit bem periobischen Essen bes Men= schenfleisches bei Opfern. — Dunlop, History of Fiction, überseßt von F. Liebrecht: Geschichte ber Prosabichtungen, Berlin 1851, p. 429, findet in seiner oberflächlich rationalistischen Weise ben Grund bieser Vorstellung im Betruge vermeintlicher Zauberer, welche vorgaben, berartige Verwand= lungen bewirken zu können und sich vielleicht zu biesem Behufe in Wolfs= felle hüllten. — Pluquet in seinen Contes populaires — de l'arron- dissement de Bayeux, Rouen 1834. p. 15 hält bie Werwölfe für walbflüchtige Verbrecher. — Leubuscher, ber Mediciner, leitet nach Vorgang Böttigers,[2]) Calmeils[3]) u. A. bie Vorstellung vom Werwolf aus einer Geisteskrankheit, aus ber Dämonomanie ab. — Hanusch in seinem Aufsaß: Die Werwölfe ober Vlkoblaci in Wolfs Zeitschr. für beutsche Mythol. 1859 IV. p. 193 ff. glaubt im Werwolf ben alten riesenhaften wilben Jäger zu erkennen.

Es scheint mir vor Allem mißlich, nur von einer bieser Anschauun= gen aus bie Sage erschöpfend erklären zu wollen. Sie ist zu alt und zu verbreitet, um so einfacher Natur zu sein. Ihre Quellen verlieren sich im pfablosen Dunkel unvorbenklicher Zeit, und ihre Bäche haben sich seitbem balb getrennt, balb vereint durch so manichfaltigen Boden, unter ben verschiebensten Himmelsstrichen fortgewühlt, Farbe und Fülle nach Beschaffenheit ihres Bettes und ihrer Zuflüsse wechselnd, baß es überhaupt schwer werden möchte, aus ihren jeßigen Bestanbtheilen ihren Ursprung und Lauf historisch beduciren zu wollen.

Ich werbe im Folgenden versuchen, bie einzelnen Werwolfsagen ber verschiebenen Völker, soweit sie mir zugänglich waren, zusammenzustellen, und halte babei für eine wesentliche Erleichterung bes Verständnisses, bie= selben nicht als ganz besondere Erscheinungen, sondern im Zusammenhange

---

[1]) Dieß ist ber Name bes Gelehrten, welcher ben oben angeführten Brief an Lord Cawbor geschrieben hat (Dasent, Popular Tales from the Norse, Edinb. 1859, p. LX).

[2]) Aelteste Spuren ber Wolfswuth in ber griechischen Mythologie, Kleine Schriften, herausgegeben von Sillig, Bd. I. Dresben und Leipzig 1837, p. 135 ff.

[3]) De la folie, Paris 1845, übertragen von Leubuscher, ber Wahnsinn in ben vier leßten Jahrhunderten, Halle 1848. 8.

mit den manichfaltigen übrigen Sagen von Verwandlungen der Menschen=
gestalt aufzufassen. Ich denke jedoch nicht daran, die schwierige Frage
über den Ursprung der Sage lösen zu wollen, sondern bin überzeugt,
der Sache mehr zu nützen, wenn ich die Kenntniß des reichhaltigen Ma=
terials zu fördern suche, welche jeder endgültigen Deutung, sofern eine
solche überhaupt möglich ist, vorangehen muß. Nur mit wenigen voraus=
geschickten Bemerkungen glaube ich die Gesichtspunkte andeuten zu müssen,
von denen aus nach meiner Meinung die Sage zu betrachten wäre.

Die Naturvölker übertrugen die schöpferische Freiheit ihrer Phantasie
in das Leben der Natur, und wie sie im dichterischen Spiel der Gedanken
Vorstellungen der verschiedensten Art verbanden, so fielen ihnen auch in
der realen Welt die äußeren Schranken der Dinge, und die verschiedensten
Gestalten und Wesen giengen in einander über, da sich der Glaube des
Volks bei seinen Vorstellungen mit der innern poetischen Wahrheit be=
gnügte. Der Rangunterschied zwischen Mensch und Thier war nun über=
haupt unserem Geschlecht in der Urzeit noch nicht zum klaren Bewußtsein
gekommen. Der einfache, im innigsten Verkehr mit der Natur lebende
Waldbewohner fand zwischen sich und seinen thierischen — feindlichen oder
freundlichen — Nachbarn so viel Gemeinsames in Bedürfniß, Lebens=
weise, Leidenschaften, Lust und Schmerz, Krankheit und Tod, daß sie
ihm nicht anders als ebenbürtig, als seines gleichen erscheinen mußten.
Doch bei gereifterer Beobachtung wurde ihm neben dieser V e r w a n d t =
s c h a f t ein geheimnißvoll F r e m d a r t i g e s [1] im Thiere fühlbar, die
Thiere waren ihm so vielfach an Kraft, Gewandtheit, Kunstfertigkeit über=
legen, er konnte von ihnen in Freundschaft und Feindschaft so mancherlei
lernen, was ihm frommte; dabei sah er die Thiere in stummem, scheuem
Selbstgenügen und bei aller Regsamkeit sicher ihre Ziele verfolgen, ohne
daß er erlauschen konnte, woher ihnen diese Klugheit und Sicherheit käme.
So ahnte er denn darin eine Macht, höher als der Mensch, eine un=
heimliche, ehrfurchtgebietende Naturgewalt, das Wirken eines verborgenen

---

[1] Die Thiere sind in der That das Unbegreifliche: es kann sich ein Mensch nicht
in eine Hundsnatur, soviel er sonst Aehnlichkeit mit ihr haben möchte, hinein phanta=
siren oder vorstellen; sie bleibt ihm ein schlechthin Fremdartiges. Hegel, Philosophie der
Geschichte, sämmtliche Werke, Bd. IX. p. 258.

Gottes. Aus dieser Empfindung und Anschauung entsprang die Ver=
göttlichung des Thieres — das Thiersymbol, aus jenem Ge=
fühl der Verwandtschaft die Vermenschlichung des Thiers. — Thier=
sage, Thierfabel und der Glaube an die Seelenwanderung.

Beide Anschauungen aber giengen neben einander her, ohne sich zu
beeinträchtigen; von beiden aus kann man den Glauben an die Thierver=
wandlung ableiten. Der einfachste Weg ist der vom Gefühl der Verwandt=
schaft aus; die Phantasie findet so viel Menschenähnliches im Thier, daß
sie in ihm eine menschliche oder doch halbmenschliche Seele ahnt und es
so zum verwandelten Menschen macht oder wenigstens zu einem Wesen,
das noch zum Menschen werden kann und soll. [1]) Doch führt dieß eher
auf die Annahme eines allgemeinen Naturgesetzes (wie bei den Jndern),
als auf den Glauben an sporadische willkürliche Thierverwandlungen hin.
Dort strebt im Ganzen das Thier nach Menschenthum, hier steigt der
einzelne Mensch zur Thierheit wieder hinunter. Daher werden wir, so
nahe es auch zu liegen scheint, im einfachen Verwandtschaftsgefühl zwischen
Thier und Mensch nicht den Hauptgrund des Glaubens an Gestaltentausch
zwischen beiden zu suchen haben. Der Grund liegt tiefer, in eigenthüm=
lichen religiösen Vorstellungen, in der sinnlichen Symbolisierung göttlicher
Kräfte und Eigenschaften.

Dem Gott, der ursprünglich selbst in Thiergestalt gedacht worden
war, wurde auch nach seiner Anthropomorphose die Fähigkeit erhalten,

---

[1]) Ich erinnere an die merkwürdige Vermenschlichung der Schlangen in Jndien, s.
z. B. das Gedicht: Das Schlangenopfer in Holtzmanns indischen Sagen II. 127. Jn
Armenien glaubt man, wenn eine Schlange am Berg Jlandagh oder Handagh (Schlan=
genberg) 25 Jahre alt geworden, ohne daß ein Mensch sie gesehen, so erhält sie die
Kraft der Verwandlung, sie wird zum Drachen, pers. eischdaha, und vermag ihren
Kopf in den jedes andern Thiers zu verwandeln, so Menschen und Thiere zu ihrem
Verderben täuschend. Erreicht aber die Schlange ein Alter von 60 Jahren, ohne je von
einem Menschen gesehen und gestört worden zu sein, so nennt man sie auf persisch
Iucha (Ausdehnung) und dann erhält sie die Kraft, sich, so oft und so lange sie will, in
jedes Thier, ja in jeden Menschen zu verwandeln. Haxthausen, Transkaukasia, Leipzig
1856, I. 125. — S. ferner die alte Volkssage, daß die Störche sich in Menschen ver=
wandeln, die jedoch in ihrer Gestalt noch viel Storchenähnliches haben, Gervasius, her=
ausgegeben v. Liebrecht p. 157 u. A.

sich in die Gestalt jedes beliebigen Naturwesens zu verwandeln. Den
Uebergang hiezu bildete die Verbindung von Thierischem und Menschlichem
in der Darstellung des Gottes (wie bei den Aegyptern und Assyrern).
Um einen Zweck zu erreichen, der in menschlicher Gestalt unerreichbar
schien, wählte die Gottheit in Mythus und Sage vorzugsweise Thiergestalt und zwar entweder die eines ihrem eigenen Charakter besonders ent-
sprechenden oder doch ihrem augenblicklichen Vorhaben am besten dienenden
Thieres. Am häufigsten erscheinen so die Götter, wenn sie sich verbergen
oder eine schnelle Fahrt machen wollen. [1] Diese Eigenschaft, ursprünglich
also ein göttliches Vorrecht, wurde durch die Gnade der Götter auf ihre
menschlichen Söhne und Lieblinge übertragen. Unter diesen waren die
Priester, welche häufig von dem der betreffenden Gottheit heiligen Thier
ihren Namen hatten; so hießen die Priester des Poseidon Stiere; die des
Lupercus Crepi (ältere Form für capri Böcke); Εσσήν — Bienenkönig
— hieß der Oberpriester der ephesischen Diana, [2] μελιτται — Bienen —
hießen die Priesterinnen der Demeter; Bärinnen der Artemis hießen die
Jungfrauen in Athen, welche sich dieser Göttin weihten. Dieß wurde
bei religiösen Festen nicht selten durch die Fellbekleidung der Priester ver-
sinnlicht; so trugen die Jünglinge, welche dem Zeus auf dem Berg Oeta
opferten, Widderfelle; so schlangen sich die nackten Luperci beim Fest der
Lupercalien Bockfelle um die Lenden; so warfen die Mänaden Panther-
felle über; so hüllten sich die Mithraspriester in verschiedene Thiermas-
ken [3] u. s. w.

Die heiligen Thiere waren der Gottheit liebste Diener; darum glaubte
der Mensch, sich die Gottheit besonders günstig zu stimmen, wenn er ihr
in Gestalt ihrer Lieblinge entgegenträte. Dabei wurde aber wohl zugleich
dem Volksglauben nahe gelegt, daß die Gottheit ihren menschlichen Die-
nern die göttliche Gabe der Thierverwandlung wirklich verliehen habe.
Aus dem Kreis der Priester giengen die Zauberer hervor, welche die

---

[1] Ich erinnere nur an die häufige Verwandlung der Athene bei Homer.
[2] Pausanias VIII. 13, 1.
[3] Martinus, de cultu Mithrae per adscititias ferarum et pecudum formas. L.
II. c. 35. — Unsere Maskeraden lassen sich unzweifelhaft auf Vermummungen bei
religiösen Festen zurückführen.

wunderbaren Eigenschaften, die sonst nur als Geschenk der Gottheit erlangt wurden, durch Erkenntniß und Beherrschung geheimnißvoller Natur-
kräfte sich selbst aneigneten und Andern mittheilten. Dieß wurde mehr
und mehr als ein Abfall vom Göttlichen betrachtet, und die bösen Mächte
kamen mit in's Spiel. Die Thierverwandlung wurde eine besondere Kunst
der Zauberer, und das Unheimliche, das schon jenen Cultusgebräuchen
innewohnte, kam nun vollends zur unbeschränktesten Geltung. Auch die
angeborene Fähigkeit der Verwandlung, welche ursprünglich ein besonderer
Segen der Gottheit war, verkehrte sich nun zum Fluch, und ihr Besitzer
galt als ein vom Schicksal aus der Menschengesellschaft verwiesenes und
daher derselben feindliches Wesen.

Betrachten wir nun speciell den Wolf, so erscheint er, — das un-
ersättlich mordgierige, bei Nacht und zur Winterszeit besonders gefährliche
Raubthier, — als das natürliche Symbol der Nacht, des Winters
und des Todes. [1]) Daher gehörte er vor Allem den chthonischen
Mächten, den Erd- und Unterweltsgöttern an. Diese, welche man
als die furchtbarsten am eifrigsten sich zu versöhnen suchte, wurden
mit ganz besonderer Ehrfurcht betrachtet, und ihre Heilighaltung gieng
auch auf ihr symbolisches Thier, den Wolf, über, dem selber ein
gewisser Cultus zukam. [2]) Spuren dieser Heiligkeit des Wolfes haben

---

[1]) Der Wolf war Symbol alles Feindlichen (Artemidor Oneirocritica II. 12). Schon
sein Blick wirkte nach dem Volksglauben verderblich: Wenn man bei der Begegnung eines
Wolfs von diesem zuerst gesehen wird, so wird man stumm; umgekehrt hat der Mensch
nichts vom Wolf zu fürchten. Platos Staat, übers. von Prantl, Stuttgart 1857.
Anm. 12. „So der Wolff zum ersten den menschen ersicht, so erstaunet der mensch
davon, vnd stehet ihm die red. So aber der mensch den Wolff zum ersten ersicht, so
erstaunet der Wolff, zittert von Forcht vnd schrecken." Gesner, Thierbuch, übers. von
Forer, Heidelb. 1606. Fol. 154 S. — Hakewill, An Apologie of the Power etc.
p. 10. — Fr. Pfeiffer, der Alten Weiber Philosophey Nr. 38, in Wolfs Zeitschr. für
deutsche Mythol. III. 312. — Basile, Pentamerone, übers. von Liebrecht, Breslau 1848,
I. 90. 400. — Passow, Griechisches Wörterbuch v. λύκος.

[2]) Grimm, deutsche Mythologie, 3te Ausgabe p. 46. — Wolf in seiner Zeitschrift
für deutsche Mythol. I. 70 nennt den Wolf ein Opferthier; dieß ist jedoch sicher unrichtig. Geopfert wurden von den Quadrupeden überhaupt fast ausnahmslos nur pflan-
zenfressende Hausthiere. — Man scheut sich, den Wolf bei seinem Namen zu nennen, besonders in den Zwölften (den Nächten zwischen Weihnacht und Erscheinungsfest); Schau-

sich mannichfach in alten Gebräuchen und im Aberglauben der Völker er=
halten. [1])

Der Wolf ist aber nicht allein das raubgierigste, er ist auch das
schnellste, rüstigste unserer größeren vierfüßigen Thiere. Diese seine
Rüstigkeit, seine wilde Kühnheit, seine grausame Kampf= und Blutgier
verbunden mit seinem Hunger nach Leichenfleisch und seinen dadurch an=
geregten nächtlichen Besuchen der Todtenfelder und Walstätten macht den
Wolf zum Begleiter und Gefolgmann des Schlachtengottes. Er wird
gedacht als der Freund jeder kühnen That und seine Begegnung ist den
Unternehmenden Glück verheißend. [2])

---

platz ungereimter Meinungen, 14. Stück, Berlin und Leipzig 1738, p. 591. — In der
Grafschaft Mark nannte man ihn Höltink — Hölzing, Holzhund; Wöste, Volksüber=
lieferungen, Iserlohn 1848, p. 49. — In den Wolfssegen heißt er walthund, wall=
hund, feldhund, Wolf, Zeitschr. f. d. M. I. 279, II. 117. — Die Inselschweden nennen
ihn sköfår Waldvater, han gå grå den alten Grauen, sköbitare Waldbeißer, gå grå=
hunn alten Grauhund, sköhynn Waldhund, auch Goldfuß oder Graufuß; Rußwurm,
Eibofolke oder die Schweden an den Küsten Ehstlands und auf Runö, Reval 1855, II.
200. — Die Kurländer reden den Wolf, wenn er ihnen begegnet, höflich an; Sprengel,
Beiträge zur Geschichte der Medicin, Halle 1794, 1. Bandes 2. Stück, p. 67. — Bei
den Ehsten heißt er Graurock; Kreutzwald, der Ehsten abergläubische Gebräuche, St.
Petersburg 1854, p. 120. — Bei den Letten mescha deews Waldgott; Kreutzwald,
mythische Lieder 119 und §. 388. — S. auch Grimm, Reinhart Fuchs, Berlin 1834, LV.

[1]) So wurde früher in Ehstland, wenn der Weg, den die Braut aus ihrem
Heimatort in das Dorf des Bräutigams nehmen mußte, durch einen Wald führte,
daselbst ein Speiseopfer für die Wölfe ausgesetzt. Kreutzwald, der Ehsten aber=
gläubische Gebräuche, Weisen und Gewohnheiten von J. W. Boecler, St. Peters=
burg 1854, p. 37. — Wenn die Wölfe heulen, so sagt man in Ehstland, sie klagen
Altvater ihren Hunger, und er wird ihnen dicke Wolkenstücke herabwerfen, die sie als
Nahrung genießen. Dieß geschieht besonders in der Christnacht, denn da darf kein Ge=
schöpf Hunger leiden. a. a. O. p. 122. — Auch von dem irischen Heiligen Maedhog
wird erzählt, daß er Wölfe speiste. Wolf, Zeitschr. für d. M. I. 330, 357. — Dieß
erinnert an die nordischen Wolfsmütter, s. Grimm, deutsche Myth. p. 1014, und weist
auf wirkliche Speiseopfer hin, die in uralter Zeit den Wölfen dargebracht wurden.

[2]) S. über Angang des Wolfes, Grimm, d. M., 1079. Wolf, deutsche Sagen,
Nr. 376. Gervasius, herausg. von Liebrecht, p. 223, Nr. 44 u. A. — Das Geheul
des Wolfes im Gebüsch ist siegverheißend, Sigurdharkvidha II. 22. Doch kündet er
auch Krieg und Pest und Theurung an. Die gute und die böse Seite des Wolfs spielen
überhaupt im Aberglauben der Völker beständig durcheinander. Im Griechischen, Latei=

Wie aber in der Naturanschauung die schlimmen Seiten des Wolfs seine bessern bei weitem überwogen, so wurde er auch für die ethische Anschauung vorzugsweise das Symbol des feindseligen Bösen. Denn alle Zerstörung ist für die naive Naturbetrachtung ein Uebel und die Wirkung eines bösen oder doch zürnenden Gottes. Diese Symbolik findet sich besonders in der Mythologie, welche vor allen andern von ethischen Ideen durchdrungen ist, in der germanischen. Hier ist der Wolf der Abkömmling der den Göttern und Menschen feindlichen und gefährlichen Riesen; der stärkste und furchtbarste derselben ist der Sohn Lokis, des bösen Gottes. In die christliche Sage übertragen wurde der Wolf das Thier des Satans.

All diese Vorstellungen haben auf die Entwicklung der Werwolfssage

---

nischen und Deutschen sind Namen, mit Wolf zusammengesetzt, von guter Vorbedeutung: Λυκισκος, Lyciscus, Wolfram, Wolfgang u. s. w. Der Wolf schützt besonders vor Zauber: Einem Serben, der Wuk (Wolf) heißt, kommt keine Here bei. Grimm, d. M. 1093. — Wolfbiß schützt vor Behexung (daher wohl der ahd Name Wolfbizo); man schneidet an Lamm und Ziege den Wolfsbiß aus, räuchert und bewahrt ihn als heilkräftig. Grimm, d. M. 1093. Wolfsrüssel ist Amulet gegen Zauber und wird an die Thüre genagelt, Lauben, Dialogi von der Lycanthropia p. 85; in Frankreich der ganze Wolfskopf, Le Loyer, Discours des Spectres, Paris 1608, p. 834. Dagegen wer von einem Vieh ißt, das der Wolf erwürgt hat, der kann nicht verscheiden, es sei denn, daß der Wolf vorher todt wäre. Fr. Pfeiffer, der Alten Weiber Philosophey, a. a. O. Nr. 76. Nach serbischem Volksglauben wird ein Kind, dessen Mutter von solchem Fleisch gegessen hat, mit einer Wunde geboren, die man vukojedina — Wolfsbiß — nennt. Grimm, d. M. 1093. — Wolfstritt segnet die blühende Saat in der Grafschaft Mark, Wolf, Zeitschr. f. d. M. I. 384. — Es war altrömischer Brauch, daß die Braut vor dem Eintritt in's Haus des Bräutigams die Thürpfosten mit Fett oder Oel bestrich, hier wurde das Wolfsfett von Einigen als besonders heilsam empfohlen, indem ihm eine averruncierende Wirkung zugeschrieben wurde (ne quid mali medicamenti inferretur). Preller, römische Mythologie, Berlin 1856, p. 585. — Das Wolfsfell hat Heilkräfte gegen Trübsinn, Fieber und Epilepsie; Edda, Hrafnagaldr. 8. Grimm, d. M. 1123, 1125. Gegen das Fraischlein oder die fallende Sucht hilft auch des Wolfs gedörrte Zunge, Lauben 32. Aus einem gedörrten Wolfschlund trinken, macht gesund, a. a. O. — Wessen Bienen durch eine Wolfsgurgel fliegen, der bekommt fette Schwärme. Müller, Beiträge zur Geschichte des Hexenglaubens, Braunschweig 1854, p. 60. — Der Genuß von Wolfsfleisch macht mord- und rachgierig, so geben Högni und Gunnar dem Guthorm von einem Wolf, einem Wurm und einem Geier zu essen, damit er den Muth erlange, Sigurd zu tödten. Brot af Brynhildarkvidha. 4.

eingewirkt. In der ältesten Naturreligion wurde die Gottheit des Todes und der winterlichen Erde selber als Wolf gedacht und erhielt in dieser Gestalt blutige Sühnopfer und zwar vor den übrigen Göttern Menschen= opfer. Ihre Priester trugen wohl in der Vorzeit Wolfsfelle und hatten nach dem Volksglauben die Gabe, sich in das Thier der Gottheit zu verwandeln. Hirpi, Wölfe, hießen z. B. die Priester des sabinischen Unterweltgottes Soranus.

Fernerhin war der Wolf als das schnelle, kampfgewandte Thier zum raschen Zurücklegen weiter Wege und zur Erlegung von Feinden beson= ders geeignet. Daher nahmen die Götter und die zauberbegabten Menschen zu solchen Zwecken Wolfsgestalt. In diesem Fall muß also der Wolf nicht nothwendig zu der Gottheit, die seine Gestalt wählt, in innerer Verwandtschaft stehen, sondern diese Gestalt dient derselben rein äußerlich als untergeordnetes Mittel zum Zweck.

Durch die Bedeutung aber, welche der Wolf außer seiner natür= lichen Gefährlichkeit für die ethische Symbolik hatte, erhielt die Wolfs= verwandlung überhaupt einen unheimlichen diabolischen Charakter. In der spätern Zeit hieß der Teufel selber der Erzwolf, Archilupus, [1]) und erschien auch häufig in Wolfsgestalt. [2]) Und wie des Teufels ein=

---

[1]) So heißt er z. B. in einem französischen moralisierenden Gedicht aus dem sech= zehnten Jahrhundert: Les loups ravissans ou doctrinal moral par Robert Gobin, gedruckt in Paris nach 1520 in 4. S. Mone, Reinhardus Vulpes, Stuttg. et Tub. 1832, p. 311. Lupus vorax bei Ditmar von Merseburg p. 253; Grimm, d. M. 948.

[2]) Böse Geister lieben es, durch Thier= und Menschengestalten zu täuschen; die guten Geister verwandeln sich nicht in Thiere, noch in Frauen. De l'Ancre, Tableau de l'Inconstance, Paris 1613, p. 3. — Ein Teufel erscheint in Wolfsgestalt auf dem Grabe Peters, der die Sekte der Massalianer gegründet: Petro Massalianorum, sive Lucopetrianorum, (qui et Phundaitae et Bogomili dicti) haereseos antesignano, qui se ipsum Christum appellavit et post obitum resurrecturum promisit, eaque propter Lucopetrus (Λυκοπέτρος) cognominatus fuit, quod, quum summo jure ob infinitas imposturas lapidibus obrutus esset, pessimis symmystis ejus, qui abominabili hujus cadaveri eam, quam post triduum ipsis pollicitus fuerat, resurrectionem exspectantes assidebant, malus daemon lupi specie acervo lapidum egredi visus sit, Ana= thema! S. Jacobi Tollii Insignia Itineraria, quibus continentur Antiquitates Sacrae Trajecti ad Rhenum 1696. 4. p. 115. — Im Angelsächsischen und Altfranzösischen wird der Teufel geradezu werewulf und garou genannt. Die Teufelsmasken sind: Rab,

2

ziges Ziel und Streben Verderben ist, so treten nun auch beim Werwolf alle andern Interessen vor dem Drang nach Mord und Zerstörung zurück; er nimmt die Thiergestalt an, einzig und allein um Schaden zu stiften. Der Werwolf wird wie die Hexe des Teufels Diener und ist an die Bedingungen des Teufelspaktes gebunden. Er steht unter dem Schutz und der Bewachung seines Herrn. Mehrere Werwölfe bekannten, daß, wenn sie nach Raub auszogen, der Teufel in Wolfsgestalt unter ihnen war (Boquet discours etc. p. 340).

Dieß mag wohl in den Hauptzügen die Entwicklung sein, welche die Werwolfssage aus religiösen Vorstellungen genommen hat.

Von großem Einfluß auf die Sage war aber fernerhin eine alte Rechtsvorstellung, welche den friedlosen Mörder mit dem Wolf zusammenstellte und diesen zum Symbol des Verbrechens und der damit verbundenen Strafe der Aechtung machte. Dieser Vorstellung werden wir bei Griechen und Germanen begegnen.[1]

Die Geisteskrankheit der Lycanthropie, in welcher der Mensch sich zum Wolf verwandelt wähnt, thierische Bewegungen und Laute nachahmt und mordsüchtig lebende Wesen anfällt, ist bis jetzt bei der Erklärung unserer Sage über Gebühr in den Vordergrund gerückt worden. Daß der Wahn des Kranken mit dem allgemeinen Glauben an Thierverwandlungen in Zusammenhang stehe, soll keineswegs geleugnet

---

Fuchs, Katz, Hund, Bär, Wolf, Schwein; Philander v. Sittewald, Wunderliche und Warhaffte Gesichte 1656, II. 769. Philander meint auch, daß „Tyrannen, Verfolger, Räuber und Mörder, weil sie in ihrem Leben als Löwen, Bären, Wölfe sich erzeiget, nach ihrem Leben mit dergleich gestalten Teuflen wiederumb gepeinigt werden." a. a. O. I. 254. Wolf, Zeitschr. f. d. M. I. 406. — Besonders starke und freche Wölfe wurden im Mittelalter allgemein entweder für verwandelte Teufel oder für Werwölfe gehalten. S. Geiler v. Kaisersberg, Emeis, bei Stöber, Zur Geschichte des Volks-Aberglaubens, Basel 1856, p. 31. — Von den Wölfen, welche i. J. 1542 in großen Schaaren die Straßen von Constantinopel unsicher machten, bis Sultan Suleyman mit den Janitscharen gegen sie auszog, wurde allgemein geglaubt, daß sie Werwölfe gewesen seien. Fincelius, De mirabilibus, L. II. Bodin, Daemonomania, Francof. 1603, p. 238. Fischarts Uebersetzung 121. — Die gewöhnlichen Wölfe, sagt Bodin a. a. O. p. 238, gehen mehr auf Thiere, die Werwölfe fallen vorzugsweise Menschen an.

[1] Ueber die Rolle, welche der Wolf in der germanischen Thiersage spielt s. die Einleitung J. Grimms zu seiner Ausgabe des Reinhart Fuchs, Berlin 1834.

werben; aber der erſtere verhält ſich zum letztern eher wie die Wirkung zur Urſache als umgekehrt. Denn wenige Fälle ausgenommen, wo der krankhaften Einbildung etwa ganz zufällige, individuelle Anläſſe zu Grunde lagen, muß doch wohl angenommen werden, daß der Kranke zuvor an die Thierverwandlung glauben oder wenigſtens von ihr wiſſen mußte, ehe er ſich ſelbſt in ein Thier verwandelt wähnte. Abgeſehen ferner davon, daß die Seltenheit der Krankheit zu der allgemeinen Verbreitung der Sage nicht im richtigen Verhältniß ſteht, ſo iſt nicht einleuchtend, wie dadurch, daß der Kranke ſich für einen Wolf ausgab und als ſolcher benahm, auch die Uebrigen ihren eigenen Augen zum Trotz überzeugt werden konn= ten, daß er wirklich in einen Wolf verwandelt ſei. Nur wenn ihnen, wie dem Kranken, eine ſolche Verwandlung zum Voraus möglich ſchien, konnten ſie ſeine Erzählungen für wahr und ſein Benehmen für eine Beſtätigung der= ſelben halten. So diente die Lycanthropie zur Befeſtigung des alten Werwolf= glaubens wie das Ausgraben unverweſter Leichen den uralten Glauben an wiederkehrende Todte bekräftigte.

Was ſchließlich den Vorgang, die Art und Weiſe der Thierver= wandlung betrifft, ſo ſind hier a priori die folgenden Fälle denkbar:

Entweder verläßt die Seele bei der Annahme fremder Geſtalt ihren eigenen Körper, oder ſie bleibt darin.

Im erſten Fall bedient ſie ſich theils eines äußern Mediums, indem ſie in einen andern ſchon vorhandenen ſeelenleeren Körper hineinfährt, theils erſcheint ſie ſelber in einer ihr von Natur zukommenden oder ſelbſt= gebildeten eigenen Geſtalt. [1])

---

[1]) Die Seelen lebender Menſchen ſchweifen häufig in Thiergeſtalt umher, während ihr Leib ſchlafend liegt; König Guntrams Seele als Schlänglein, Grimm, deutſche Sagen, Berlin 1816, Nr. 428, nach Paulus Diaconus, De gestis Langobardorum III. 34. Wolf, heſſiſche Sagen p. 195. Grimm, deutſche Myth. 1036. — Seele als Wieſel, Grimm, deutſche Sagen, Nr. 455 (Seele als blauer Dunſt bei Maurer, is= ländiſche Volksſagen, Leipzig 1860, p. 81, gehört hieher wegen ihrer Wanderung über die Schwertbrücke) Seele als Fliege, Müller, ſiebenbürgiſche Sagen, Kronſtabt 1857, Nr. 154. Beiträge zum Hexenglauben in Siebenbürgen p. 58, — als Käfer, Meier, ſchwäbiſche Sagen, Stuttgart 1852, Nr. 201; — als Miſtkäfer, Rußwurm, Eibo= folke, Reval 1855, II. 208; — als Spinne, Meier Nr. 202, — als Flaumfeder, Bechſtein, Sagenbuch p. 604, — als weißes Mäuschen, Wolf, heſſiſche Sagen

Im zweiten Fall wird die Verwandlung des Körpers entweder durch die auf wunderbare Weise ermöglichte mechanische Anpassung einer Thierhülle oder ohne dieselbe direkt durch wunderwirkende Zauber= kräfte hervorgebracht.

Das Gesagte gilt sowohl für die freiwillige, als auch für die un= freiwillige Verwandlung.

Für sämmtliche Fälle finden sich Beispiele in den Sagen, zu denen wir nunmehr übergehen.

Obgleich wir in Indien keiner eigentlichen Werwolfsage begeg= nen, so ist doch jenes Land der Phantasie der fruchtbarste Boden für den Glauben an Verwandlung und Vertauschung der verschiedenen Naturformen. Wir finden in der Vedenperiode, wo noch die naive Ver= sinnlichung geistiger Begriffe vorwaltete, thierische Symbole der Gottheit, wie z. B. die weißen Kühe der Himmelsgötter, welche der finstere Dämon Bala stiehlt und dafür von Indra erschlagen wird. [1]) Im indischen Epos

---

Nr. 95, — als rothes Mäuschen, Grimm, deutsche Sagen Nr. 247. Meier, schwäbische Sagen I. p. 175 — als schattenartige Maus, die in einem Pferdeschädel umherkriecht und zu den Nas= und Augenlöchern hinausschaut, während dem Schläfer träumt, er durchwandre ein prächtiges Schloß mit hohen Fenstern, Schambach und Müller, niedersächsische Sagen, Gött. 1855, Nr. 246. — Seele als Henne nach serbischem Glauben, Grimm, deutsche Myth. 1031, — als Katze, Grimm, deutsche Sagen Nr. 249. Hiemit hängt die Sage vom Alp zusammen. Zu erinnern ist auch an die Vorstellung, daß der Mensch einen Wurm im Leibe habe und sterben müsse, wenn dieser heraus= krieche, bei Seifried Helbling zadelwurm, Grimm, deutsche Myth. 1112. — In der Normandie hält man die Irrlichter für die Seelen von Mädchen, die mit Geistlichen in sträflichem Umgang leben; das Mädchen muß an einen abgelegenen Ort gehn, seine Kleider abziehn und sich nackt auf den Boden legen, dann fliegt seine Seele als fourolle aus. Bosquet, La Normandie romanesque, Paris 1845, p. 247. Schon bei Plinius (Historia naturalis VII. c. 52) schweift die Seele des Hermotinius umher, während sein Leib leblos liegt. S. die mannahugir bei Maurer, Bekehrung des norwegischen Stamms, München 1855, II. 67. Seelen der Abgeschiedenen als Vögel, s. Hart= hausen, Transkaukasia, Leipzig 856, I. 1335, aus Armenien; im bretonischen Lied von Bran, Villemarqué, Barzaz-Breiz, Paris 1846, I. 208. Ueberf. v. Hartmann und Pfau, bretonische Volkslieder, Köln 1859, p. 260. Wolf, deutsche Märchen und Sagen, Nr. 56. Grimm, deutsche Myth. 788. Gervasius, herausgegeben v. Liebrecht, Han= nover 1856, p. 114 ff.

[1]) Ernst Meier, indisches Liederbuch, Stuttg. 1854, p. 22. Weber, allg. Welt=

erscheinen Götter und Dämonen in Thiergestalt, so in dem uralten Mär=
chen des Mahabharata, wo dem König Usinara, während er an der Ja=
muna opfert, eine von einem Habicht verfolgte Taube Hülfe suchend in
den Schooß fliegt. Der Habicht appelliert an des Königs gerühmte Ge=
rechtigkeit und verlangt, daß er ihm, der dem Verhungern nahe, nicht seine
von der Natur für ihn bestimmte Nahrung vorenthalte. Der König erklärt
dagegen, daß er noch weniger einen Schutzflehenden ausliefern könne, und
erbietet sich auf des Habichts Vorschlag, von seinem eigenen Fleisch so
viel herzugeben, als die Taube wiege. Er schneidet sich nun ein Stück
Fleisch nach dem andern vom Leib, aber die Taube wiegt schwerer und
schwerer, so daß der König endlich selber auf die Wage steigt. Da giebt
sich der Habicht als Indra, der König des Himmels, und die Taube als
Agni, des Feuers Gott, zu erkennen, die herabgekommen, um Usinaras
Tugend zu prüfen, und der pflichtgetreue König steigt mit ihnen zur
Götterwohnung leuchtend auf. [1]

Später aber, als mit der Entwicklung der brahmanischen Religion
und Philosophie die Lehre von der Seelenwanderung zur allgemeinen
Geltung kam, wurde der Glaube an Verwandlungen zur Grundlage eines
naturphilosophischen Systems. Die sinnliche Vielheit der Götter wurde
in die geistige Einheit der Brahmas eingeschlossen, ohne sich jedoch in die=
selbe aufzulösen; sie blieben als Mittelglieder zwischen den Menschen und
Brahma, als Welthüter und selige Genien in den Himmelslüften schweben.

Brahma ist das geheimnißvolle Wesen, das allein von Anfang war,
und nur durch eine innere Täuschung — Maja — ist die Mannichfaltig=
keit der Dinge aus ihm hervorgegangen, [2] daher alles Irdische nichtig

---

geschichte, Leipzig 1857, Bd. I. p. 205. Indra selbst als Stier gedacht, Mannhardt,
germanische Mythen, Berlin 1858, p. 36 ff.

[1] Holtzmann, indische Sagen, Stuttg. 1854, I. p. 277 ff.

[2] Die spätere Philosophie hat die verschiedenen lebenden Wesen aus eben so vielen
Verwandlungen der in zwei Schöpferwesen getheilten Gottheit hergeleitet. So heißt es
in dem Upanischad Brihadaranjaka: „Diese Welt war früher Geist, menschliche Gestalt
tragend, und nichts war außer diesem Wesen, Purusha genannt. Er fühlte aber keine
Freude, weil er allein war, er wünschte sich ein Anderes und wurde augenblicklich ein
solches: Mann und Weib in Umarmung; daraus entstanden menschliche Wesen. Da

ist wie ein Irrthum, alle Gestalt flüchtig wie ein Traumbild. Theile, Funken seines Wesens sind die Seelen, welche alle Stufen der Naturerscheinungen durchlaufend sich aus der Starrheit der Steinwelt in der Pflanze zur Empfindung, im Thiere zum Willen und zur freien Bewegung, im Menschen zur Erkenntniß ihres Wesens entwickeln. Jeder Körper ist nur das äußere Zeichen der innern Lebensentwicklung der Seele; der Weise streift ihn ab wie ein Kleid; die höchste Frucht aller Büßungen ist nicht mehr geboren werden, ist das Eingehen oder vielmehr Zurückgehen aus der „schrecklichen Welt des Seins" in die ewige Ruhe Brahmas. Wer aber die erforderliche Reinheit und Vollkommenheit noch nicht erlangt hat, der wird nach dem Tode in einen neuen Körper eingehen und zwar je nach der Größe der an ihm haftenden Schuld in einen Körper von gleicher oder von niedrigerer Stufe. Als Beispiel dienen folgende Stellen aus dem 12. Buche von Manu:

Der Mensch geht in die Starrheit (Steine, Felsen, Metalle) durch die bösen Handlungen, die aus dem Leib kommen; er geht in Vogel= und Thierheit durch jene der Rede; er geht in die untersten Menschenclassen (Tschandala, Sudra) durch die des Herzens.

Der Mörder eines Brahmanen geht in die Joni (Mutterleib) eines Hundes, Ebers, Esels, Kamels, Stiers, Widders, Schafs, Antilope oder eines Vogels, eines Tschandala oder Pukkasa (Schlangenfänger). Wer Getraide gestohlen, wird eine Ratte; wer Messing gestohlen, wird eine Gans; wer Wasser gestohlen, wird eine Ente; wer Honig gestohlen, wird eine Schmeißfliege; wer Milch gestohlen, wird eine Krähe; wer Saft ge=

---

dachte aber seine weibliche Hälfte zweifelnd: Wie kann er, da er mich aus sich selbst hervorgebracht, (blutschänderisch) mir nahn? Ich will eine Verhüllung annehmen. — Sie wurde eine Kuh, nun wurde aber Er zum Stier, und die Sprößlinge waren Rinder. Sie verwandelte sich in eine Stute und Er in einen Hengst, dann wurde Sie Eselin und Er Esel, und das einhufige Geschlecht entsprang ihrer Verbindung. Sie wurde Ziege, Er Bock; Sie ein Schaf, Er ein Widder, und Ziegen und Schafe waren die Nachkommenschaft. So zeugte er alle existierenden Paare bis zu den Ameisen und den kleinsten Insekten. Da wußte Pradschapati: Ich bin der Bildner aller Wesen, dieses Alles habe Ich vollbracht. — Darum heißt er der Erzeuger."

Windischmann, die Philosophie im Fortgang der Weltgeschichte, Bonn 1832, Thl. I. Abth. 4 p. 1622 f.

stohlen, wird ein Hund; wer geklärte Butter gestohlen, wird ein Wiesel. Ein Antilopen- oder Elephantendieb wird zum Wolf; ein Pferdedieb zum Tiger; ein Obstdieb oder Wurzeldieb zum Affen; ein Frauendieb zum Bären; ein Wasserdieb zum Vogel Stokaka u. s. w. [1])

Für den Inder ist also das Thier der Träger einer noch an sich unentwickelten oder einer verbrecherischen und dadurch zur Unentwickeltheit zurückgesunkenen Menschenseele. Im letzteren Falle hängt dieselbe häufig noch durch die Erinnerung mit ihrem früheren menschlichen Dasein zusammen, und wir haben somit eine unwillkührliche aber bewußte Thierverwandlung, welche durch Tod und Wiedergeburt vermittelt wird.

Aber nicht allein die gesetzmäßige Wirkung einer innern ethischen Nothwendigkeit ist es, was die Wiedergeburt und Zurückwerfung in eine niedrigere Existenz bedingt, sondern sehr häufig ist diese die Folge eines Fluchs, den ein Gott oder ein bußkräftiger Mensch (oft wegen geringer Schuld) ausgesprochen hat, und der nun wie eine freie Schicksalsmacht wirkend von seinem Urheber selbst, wie meistens geschieht, nur beschränkt, aber von keinem Wesen der Welt aufgehoben werden kann. Dieser Gewalt des Fluchs sind selbst die Götter unterworfen. So wandeln nicht nur verfluchte Dämonen auf Erden in Thiergestalt, wie der im Eberfell herumschweifende Asura Angâraka und der ganz ähnliche Chandaviprama, [2]) sondern auch Bewohner himmlischer Regionen werden wieder in die Qual eines irdischen Daseins und nicht selten in eine schreckliche Gestalt herniebergezwungen, so die zur menschenfressenden Rakschasî verwandelte Dienerin des Kuvera, [3]) so der Jakscha, der die Tochter eines frommen Mannes in der Ganga baden sah und sofort in Liebe erglühend sich mit ihr nach Art der Gandharver vermählte und dafür von ihren erzürnten Angehörigen zur Wiedergeburt als Löwe verwünscht wurde. [4]) Die Macht des Fluchs

---

[1]) Windischmann a. a. O., Thl. I., Abth. 4, p. 1662 ff.
Weitere Beispiele in Yajnavalkyas Gesetzbuch, herausgegeben von Stenzler, Berlin 1849, 3tes Buch.
[2]) Somadeva, Katha Sarit Sagara, herausg. von H. Brockhaus, Leipzig u. Paris 1839, p. 45, 153.
[3]) Somadeva p. 38.
[4]) Somadeva p. 22, ein Anderer p. 120.

war ein Hauptmotiv der indischen Poesie, ich erinnere nur an Dasarath im Ramayana, an Kalidasas Sakuntala und Meghaduta.

Aus der Anschauung des Leibes als eines Kleides mußte aber mit Nothwendigkeit auch die Anschauung hervorgehen, daß es dem bußkräftigen Weisen und fernerhin dem zauberkundigen oder einfach willensstarken Men= schen möglich sei, auch innerhalb der Schranke dieses Lebens den Leib abzulegen und sich einen andern anzueignen. Dieß geschah vor Allem dadurch, daß die Seele ihren eigenen Leib verließ und in einen andern, dessen Seele entwichen war, eingieng. ¹) Die indischen Märchen bieten hiefür zahlreiche Beispiele: Die Brahmanen Vyâdi, Indradatta und Vara= ruchi kommen nach Ayodhyâ, um vom König Nanda eine große Summe Geldes zu erbitten. Sie sind aber kaum in der Stadt angelangt, als der König stirbt. Da sagte Indradatta, der in Zauberkünsten wohl erfahren war: „Ich will in den Körper des eben verstorbenen Königs hineingehen; Vararuchi soll dann als Bittender zu mir kommen, und ich werde ihm das Geld gewähren, Vyâdi aber mag unterdessen meinen Körper bewachen, bis ich zurückkomme." So geschah's; der kluge Minister des Königs jedoch, Sakatala, durchschaute den Betrug, und da ihm daran lag, statt des unmündigen Sohnes des Nanda einen Mann auf dem Thron zu haben, gab er Befehl, alle Leichname in der Stadt zu verbrennen; so wurde der Leib Indradattas dem Wacht habenden Freund weggenommen und verbrannt, und der Brahmane mußte nun, seiner Kaste beraubt, im Leibe des Todten fortleben. Man hieß ihn Yogananda, weil er durch Zauber — yoga — zum König Nanda geworden war ²) — Siehe ferner die Fabel des Pantschatantra, wo ein Buckliger, der als Possenreißer einen König begleitet und diesem seinem Herrn, als sich derselbe in den Leib eines todten Brahmanen versetzt hat, seinen zurückgelassenen Leib stiehlt,

---

¹) Ihr eigener Leib lag indessen leblos gleich einem Leichnam. So läßt selbst Vischnu, als er sich in einem Menschen verkörpert, seinen Götterleib in einer Höhle des Meru zurück. Benfey, Pantschatantra, Leipzig 1859, I. p. 264. Während die schönen Himmelsmädchen, die Vidyâdharis, in Folge eines Fluchs auf Erden hausen, ruhen ihre göttlichen Leiber in der goldenen Stadt auf diamantenem Lager. Somadeva, Brock= haus p. 150.

²) Somadeva, Brockhaus p. 13.

aber bald entlarvt und überlistet wird.[1] — Sankaracharya, der berühmte Religionslehrer, wird im Capitel der Liebe, da er bis dahin keusch gelebt hat, von der Frau des Mandan Misr niederdisputiert, fährt darauf in den Leib eines eben verstorbenen Königs, besorgt dessen Angelegenheiten im Harem und kommt mit so reichen Erfahrungen zurück, daß er die Frau im zweiten Wortkampf besiegt.[2]

Nicht selten ist auch die freiwillige Vertauschung der Leiber unter Lebenden, hauptsächlich unter Personen verschiedenen Geschlechts. So ist der Panduide Sikhandin im Mahabharata eigentlich ein Weib, das mit einem Diener des Schätzegottes Kuvera Gestalt und Geschlecht getauscht hat; so oft er daher im Kampfe dem schrecklichen unnahbaren Greis Bhischma begegnet, senkt dieser lächelnd seine Waffe und wendet sich ab, weil er mit keinem Weib kämpfen will.[3] Dabei kommt häufig der humoristische Zug vor, daß das ursprüngliche Weib, nachdem es seinen Zweck erreicht hat, dem Mann sein Geschlecht wieder zurückgeben will, diesen aber in seiner Frauengestalt schwanger findet und so den Rücktausch nimmer eingehen mag.[4]

---

[1] Pantschatantra-Benfey II. p. 124. Ganz ähnlich ist das persisch-arabisch-türkische Märchen vom König Papagei. Tausend und Eine Nacht, übersetzt von Weil, Stuttg. 1838, I. p. 120. Vierzig Veziere, übersetzt von Behrnauer, Leipzig 1851, p. 321. Keller, Li Romans des sept Sages, Tüb. 1836, p. CLXXVI. u. A.

[2] Dieses und ähnliche Beispiele bei Benfey, Pantschatantra I. §. 39.

[3] Holtzmann, indische Sagen, I. p. 49.

[4] Bekannt ist die Erzählung von Teiresias, der dadurch Weib wurde, daß er zwei Schlangen sich begatten sah oder eine weibliche Schlange tödtete, und seine Entscheidung des Streits zwischen Hera und Zeus über den Geschlechtsgenuß:

Οἴην μὲν μοίρην δέκα μοιρῶν τέρπεται ἀνήρ·
Τὰς δὲ δέκ' ἐμπίμπλησι γυνὴ τέρπουσα νόημα.

Apollodor. Biblioth. L. III. C. 6, 7, et Heyne p. 210. Ganz wie er sich für das weibliche Geschlecht als das bei weitem bevorzugte entscheidet, wünscht der indische Râdscharschi Bhangâswana, den Indra beim Bad in ein Weib verwandelt hat, auf Anfragen des Gottes, Weib zu bleiben, weil dieses mehr Liebesgenuß habe als der Mann. — Man sehe weiter Manus Kind, Ida, das abwechselnd einen Monat Mann, einen Monat Weib ist, und ferner Benfey, Pantschatantra I. §. 9. Auch in Deutschland finden sich noch einzelne Sagen von Geschlechtsverwandlung, so wird nach westphälischem Glauben jedes Mädchen, das unter einem Regenbogen durchläuft, ein Junge, wie die wilde

Außer dieser Anschauung von der wandernden Seele ist jedoch auch bei den Indern der Glaube heimisch, daß der Leib, ohne daß die Seele ihn verlasse, seine Gestalt durch Umwerfen eines Gewandes oder Aussprechen eines Zauberworts verwandle. So erscheinen die himmlischen Tänzerinnen, die Apsarasen, [1] mit Vogelhemden. Doch hängt das Tragen der verwandelnden Thierhemden nicht immer von der Willkür ab, sondern ist häufig angeboren oder angeflucht. Hieher gehört z. B. ein indisches Märchen, das in den manichfaltigsten Formen bei allen Völkern wiederkehrt: Der Schlangensohn, der Schlangenbräutigam, der als Schlange geboren wird, nach Vermählung mit einer Jungfrau seine Schlangenhaut zeitweise ablegen darf und durch die Verbrennung der letztern erlöst wird. [2]

Als Beispiel für die Verwandlung durch bloße Zauberkräfte ohne fremden Leib und fremde Hülle ist ein buddhistisches Märchen hier anzuführen, dessen Gegenstand gleichfalls allen Völkern gemein ist: das Märchen vom Zauberlehrling, der seine Meister im Wettstreit der Verwandlungen besiegt. [3]

Johanne in Gravenhorst bei Münster. Colshorn, Märchen und Sagen, Hannover 1854, Nr. 54. Kornmann in seiner Schrift: De miraculis vivorum, Francof. 1614, hat p. 41 ff. ein langes Kapitel De mutatis in sexu. Spuren desselben Glaubens finden sich auch im Norden und zwar in der Gestalt, daß sich Männer je in der neunten Nacht, um den Lüsten zu fröhnen, zum Weibe machen, s. eine Stelle aus der Niáls-Saga, C. 124 bei Maurer, Bekehrung des norwegischen Stamms zum Christenthum München 1855, II. p. 66 und den Vorwurf, den Sinfiötli dem Gudmundr macht, Helgaquidha Hundingsbana I. Str. 37, 38. Die Möglichkeit einer durch Teufelskunst zu bewirkenden Geschlechtsveränderung hat auch den Kirchenvätern und den Inquisitoren zu denken gegeben. S. De l'Ancre, Tableau de l'Inconstance des mauvais Anges et Demons, Paris 1613, p. 254 mit einer Stelle aus Augustin: Et profecto consideranti mihi rationem sexuum difficile videtur ex mare fieri feminam: contra fieri, non item. Nam retrahere naturam virile membrum intrinsecus facereque ex eo locos femineos difficillimum est: expellere vero locos foras penisque in modum deformare, etsi rarum fieri tamen potest facilius quam credatur.

[1] Ebenso die persischen Peris, Benfey a. a. O. I. p. 263.

[2] S. über die zahlreichen verwandten Erzählungen Benfey, Pantschat. I. §. 92. Als Gegenstück s. das Märchen von der Affenbraut, Asiatic Journal 1833, XI. 206—14. Woycicki, Polnische Volkssagen und Märchen, Berlin 1839, p. 143 ff. Benfey a. a. O. I. p. 261.

[3] Aus den Vetâlapanchavinçati bei Benfey a. a. O. I. 411.

Auch bei den übrigen Orientalen, nicht allein indogermanischen, son=
dern auch semitischen und mongolischen Stamms finden sich ähn=
liche Erzählungen die Menge. Nebukadnezár (Daniel IV.) ist wohl mit
Unrecht hieher gerechnet worden, da bei ihm von keiner wirklichen Ver=
wandlung die Rede ist. Reiche Ausbeute bieten die Märchen der Scheherfad
in Thierverwandlungen durch böswillige Zauberer.

In den von Castrén gesammelten samojedischen Märchen ver=
wandeln sich zwei Jabibes (Zauberer) in Gänse. — Sieben Mädchen
baben in einem Waldsee, ein Samojede raubt eines ihrer Gewänder, dar=
auf fliegen sechs (es ist nicht gesagt, in welcher Gestalt) von dannen und
die siebente bietet sich ihm zur Frau an. [1]

Auch in der tatarischen Heldensage kommen Flughemden vor;
so hat Alten Argh (Goldmädchen) ein Gewand mit Adlerschwingen, das
vorne mit zwölf Knöpfen geschlossen wird. [2] In der Geschichte von
Katac=Chan hat dessen jüngere Tochter Kesel Djibäk ein Gewand mit
Schwanenfliegeln und fliegt mit denselben von Zeit zu Zeit zu den sieben
Kubais, den Göttern, die oben im hohen Himmel wohnen. Die sieben
Kubais haben sieben Töchter, und auch diese fliegen mit Schwanengewan=
den umher; Kesel Djibäk spielt mit ihnen und schwimmt mit ihnen auf
dem Goldsee. [3] Ein Gewand mit Adlerschwingen hat auch Kümüs
Arga. [4] Alten Bürtjük fliegt als eiserne Schwalbe, Tasol als Falke. [5]
Das Mädchen Kubaiko fliegt als Schwalbe. [6] Das hülfreiche Füllen in
der Geschichte von Ak=Chan ist bald ein schönes Mädchen, bald ein Knabe. [7]
Ein seltsames Zauberwesen ist Bürü=Chan, der Wolf=Chan, Herr über
600 Wölfe, er ist hellglänzend weiß, goldhaarig, von drei Klaftern Länge,
ihm sind 70 Chane unterthan, er kann als Wolf und als Mensch leben.

---

[1] Castrén, Ethnologische Vorlesungen über die Altaischen Völker, St. Petersburg
1857, p. 172.
[2] A. a. O. 181 ff.
[3] Castrén a. a. O. p. 213 ff.
[4] A. a. O. 220.
[5] A. a. O. 238.
[6] A. a. O. 252.
[7] A. a. O. 206.

Der Knabe Altenköt fängt ihn in einer Schlinge und fordert von ihm auf den Rath eines grauhaarigen Greises die Katze, welche er in seinem Zelte hege; als sie der Knabe nach Hause gebracht, verwandelt sie sich in ein schönes Weib; denn sie ist die Tochter des Wolfsfürsten, der nun seinem Eidam reiche Hochzeitgabe schenkt. [1] Ein Mädchen streift als schwarzer Fuchs unheilstiftend umher; drei Helden ziehen aus, sie zu fangen, und peitschen sie zu Tode. [2] — In den beiden letzten Sagen sind Anklänge an den Werwolf nicht zu verkennen; doch ist Alles noch zu ungeheuerlich und formlos, um auf bestimmte Anschauungen einheitlich hinzuweisen.

Völlig entwickelt ist dagegen die Werwolfsage in Armenien. Dort glaubt man, daß es Weiber gebe, die in Folge schwerer Sünden von Gott damit gestraft sind, daß sie sieben Jahre lang in Wölfe verwandelt werden. Es tritt dann in der Nacht ein Geist mit einem Wolfsfell zu der Frau und befiehlt ihr, es anzuziehen. Sowie sie dieß gethan, entstehen in ihr entsetzliche Wolfsgelüste; Anfangs kämpft die menschliche Natur mit diesen, aber bald gewinnt jene die Oberhand, und nun frißt das Weib die eigenen Kinder, dann die der Verwandten nach der Nähe des Grabs, zuletzt fremde Kinder. [3] Jedes Schloß, jede Thüre springt von selbst auf, wenn das Ungeheuer kommt. Es wüthet nur des Nachts; sowie der Morgen naht, wird es wieder zum Weibe und versteckt das abgeworfene Fell sorgfältig. Einst sah ein Mann einen Wolf, der ein Kind ergriffen hatte, fortspringen; er verfolgte ihn eilig, konnte ihn aber nicht erreichen. Endlich gegen Morgen entdeckt er auf einer Stelle die Hände und Füße eines Kindes und Blutspuren, diese leiten ihn in eine nahe Höhle, wo er ein Wolfsfell verborgen findet. Er macht rasch ein Feuer an und wirft das Fell hinein. Da erscheint plötzlich ein Weib und jammert und heult ganz entsetzlich und springt um das Feuer und will das brennende Fell herausziehen. Aber der Mann verhindert es und kaum ist das Fell verbrannt, so ist auch das Weib im Rauche verschwunden. [4]

---

[1] A. a. O. 233.
[2] A. a. O. 256.
[3] Dieß sind Züge, die auch der Vampyrsage eigenthümlich sind.
[4] v. Haxthausen, Transkaukasia, Leipzig 1856, I. p. 322.

— Diese Sage ist den europäischen und speciell den slavischen Werwolfs= sagen so nahe verwandt, daß es fast scheinen möchte, als ob sie von Ruß= land oder Griechenland her in Armenien eingewandert wäre.

Bei den alten Aegyptern war der Wolf ein besonders heiliges Thier und zwar gehörte er dem Amenti, dem Gott des Westens und der Unterwelt. In einem von Herobot II. c. 122 erzählten Festgebrauch er= scheint er als Psychopompos und verrichtet also das Amt des Anubis. Osiris selbst nahm einmal Wolfsgestalt an, als er dem Horus gegen den Typhon zu Hülfe kam. [1]) Zwei Städte waren nach dem Wolf genannt: Λυκόπολις in Unter=Aegypten und ἡ Λύκων πολις in Ober=Aegypten; dort finden sich noch Wolfsmumien. Da der ägyptische Wolf sehr klein und träge ist, so fällt er häufig mit dem Schakal zusammen, wie auch beide den gleichen Namen — seb [2]) — führen. Auf den Bildwerken sind sie schwer zu unterscheiden. Auch die Aegypter glaubten an Seelenwande= rung; Sagen von verwandelten Menschen sind mir nicht bekannt.

Merkwürdig ist der Glaube in Abyssinien, daß die Budas, die als niedrigste Kaste verachteten Eisen= und Thonarbeiter, die übernatür= liche Gabe hätten, sich in Hyänen oder andere Thiere zu verwandeln. Als solche plündern sie die Gräber und Niemand wird wagen, bei einem Buda getrocknetes Fleisch zu genießen. Auch werden ihrem bösen Blick alle Convulsionen und hysterischen Zufälle, die in Abyssinien so häufig sind als anderswo, zugeschrieben. Sie tragen als Abzeichen einen gol= denen Ohrring, welchen Mr. Coffin nicht selten auch an den Ohren er= legter Hyänen gefunden hat. Als Augenzeuge erzählte Mr. Coffin fol= gende Geschichte: It happened that among his servants he had hired one of these Budas, who, one evening, but when it was perfect day-light, came to request his master to give him leave of absence till the morning. This request was immediately granted, and the young man took his leave; but scarcely was Mr. Coffin's head turned to his other servants, when some of them called out, pointing in

---

[1]) Diodor. Sic. Biblioth. I. c. 88.

[2]) Seb heißt auch der Wolf im Hebräischen; sein anderer Name im Aegyptischen ist unesch, koptisch uonsch. Schwenck, Mythologie der Aegypter, Frankf. 1846, p. 213.

the direction the Buda had taken. »Look, look, he is turning himself into a hyaena!« Mr. Coffin instantly looked round, but though he certainly did not witness the transformation, yet the young man had vanished, and he saw a large hyaena running off at about a hundred paces distance. This happened in an open plain, without tree or bush to intercept the view. The young man returned in the morning, and was attacked by his companions on the subject of his change, which he rather affected to countenance than deny, according to the usual practice of his brethren. — The Life and Adventures of Nathaniel Pierce, written by himself during a residence in Abyssinia from the years 1810 to 1819, edited by Halls, Lond. 1831, Vol. I. p. 287. Mr. Halls ist der Meinung, daß dieser Glaube von den Budas selbst genährt werde, und daß sie junge Hyänen einfangen, ihnen die Goldringe in's Ohr stecken und dann wieder laufen lassen. [1]

Bei den Griechen war die Thiersymbolik einer der wichtigsten Bestandtheile der Mythologie. Allbekannt sind die Verwandlungen der Götter in die verschiedensten Gestalten, welche sich aus der Urzeit der Mythenbildung bis in die späteste Kulturperiode erhielten, obgleich ihre symbolische Bedeutung schon zur Zeit Homers hinter der selbstständig entwickelten sinnlichen Form verschwunden war. In den spätern Jahrhunderten vollends gieng das Verständniß für die alten Metamorphosen ganz und gar verloren und diese dienten nur noch den Sophisten zum Gegenstand prosaischer, dünkelhafter Widerlegung [2] und den Dichtern zu halbironischem phantasmagorischem Spiel.

Am häufigsten war die Thiergestalt Symbol der zeugungskräftigen

---

[1] S. Leubuscher, Wehrwölfe p. 11 f.

[2] Als Beispiel rationalistischer Deutung s. die Geschichte von Atalanta und Milanion, von denen die Sage gieng, daß sie in Löwen verwandelt worden seien, bei Palaephatus, De Incredibilibus, ed. Fischer, Lipsiae 1789, p. 68. Dieser glaubt, daß der Jüngling die Jungfrau in eine Höhle geführt habe μιχθησόμενος, diese sei aber der Schlupfwinkel eines Löwenpaars gewesen, welches sofort die Beiden zerrissen und als es sich darauf entfernt, bei dem Gefolge Meilanions den Glauben hervorgebracht habe, als seien die Liebenden zu Löwen geworden.

Natur, was zu den späteren heimlichen Liebschaften der Götter Veranlassung gab. [1] Das Thier, dessen Gestalt einem Gotte gedient hatte, wurde ihm als kennzeichnender Begleiter beigegeben. Ich verweise über die einzelnen auf Schwenck's Sinnbilder der alten Völker, Frankf. 1851 und wende mich gleich zu dem von uns näher zu betrachtenden Wolf.

Der Wolf ist vorzugsweise das heilige Thier des Apollo, welcher selber λύκειος,[2] λύκαιος, λυκηγενής heißt. [3] Ueber diese vieldeutigen Beinamen ist schon lange discutiert worden, ohne daß ein entscheidendes Resultat erlangt worden wäre. Es sind nämlich drei verschiedene Wörter, welche sich bei der Erklärung um den Vorrang streiten: λύκος Wolf, λύκη lux Morgenlicht (damit verwandt λευκός weiß) und ἡ Λυκία das Land Lycien. Λυκηγενής wird von den Einen erklärt als der in Lycien Geborene; die Ableitung von λύκη Licht als Anspielung auf die Sonne ist anzufechten, weil Apollo bei Homer noch nicht Sonnengott war. [4] Dafür daß λυκηγενής der Wolfgeborene heiße, wird ein Mythus citiert, den uns Aristoteles (Historia Animalium VI. 29, 2) aufbewahrt hat: Die Wölfe bringen der Sage nach zwölf Tage in Geburtswehen zu;

---

[1] Am zahlreichsten sind die Metamorphosen des Licht- und Regengottes Zeus: als Kukuk flüchtet er sich in den Schooß der spröden Hera und macht sie so zu seiner Gemahlin (Pausanias II. 17, 4; 36, 2); als Stier raubt er die Europa, als Adler die Aegina und den Ganymed; als Schwan naht er der Leda; als Schlange zeugt er im orphischen Mythus mit Persephone den Zagreus; als Satyr beschleicht er die schlafende Antiope; die Alkmene täuscht er in der Gestalt ihres Gemahls Amphitryo, die Nacht zu drei Nächten verlängernd; als goldener Regen überkömmt er die Danae; als Specht hilft er den Argos tödten u. s. w. Poseidon und Demeter paaren sich als Rosse; Dionysos trug Stiergestalt. Hera wurde ursprünglich in Kuhgestalt verehrt (K. O. Müller, Prolegomena, Gött. 1825, p. 262), nach Ovid (Metam. V. 330) flieht sie wirklich als Kuh vor Typhon. Metis sucht sich den Umarmungen des Zeus durch Verwandlungen zu entziehen. Hermes ist bald Widder, bald Bock; in der Gestalt des letztern soll er nach einer sonderbaren Fabel mit der Penelope den Pan gezeugt haben. Pauly, Real-Encyklopädie IV. 1856.

[2] Sophocles, Oed. Rex 203. Aeschylos, Sept. 131.

[3] Ilias IV. 101, 119. Jünger ist das Epitheton λυκοκτόνος bei Sophokles u. A. (Electra 6. Hesych. v. λυκοκτόνος) und die Sikyonische Sage von dem die Wölfe abhaltenden Apollo. K. O. Müller, Dorier, Breslau 1824, I. p. 303.

[4] Friederich, Realien in der Iliade und Odyssee, Erlangen 1856, p. 697.

ebenso lange brauchte die kreisende Leto, welche sich aus Furcht vor Hera in Wolfsgestalt geborgen hatte, vom Lande der Hyperboräer bis nach der Insel Delos, wo sie endlich der Zwillinge Apollo und Artemis entbunden wurde. [1]

Der Name Lycien selbst soll nach einer andern Ueberlieferung daher kommen, daß Leto, nachdem sie auf der Insel Asteria (Delos) die Zwillinge geboren hatte, in jenes Land kam, um zum Flusse Xanthos zu gehen. Vorher wollte sie aber ihre Kinder in der Quelle Melite waschen; Rinderhirten verhinderten sie daran. Nun gesellten sich Wölfe schmeichelnd zu ihr und geleiteten sie zum Xanthos hin. Daher bekam das Land Trimilis den Namen Λυκία. [2]

Nach einer andern Erklärung kommt der Name der λύκιοι von Lykos, einem Athener, Sohn Pandions II., der von seinem Bruder Aegeus vertrieben, hier eine Zufluchtstätte fand; früher hieß das Land ἡ Μυλιάς. [3]

Eine weitere Erklärung sagt, daß in alter Zeit nur Wölfe das Land bewohnt hätten, das daher Wolfsland genannt wurde. [4]

Λυκηγενής heißt also entweder der Wolfgeborene oder der in Lycien Geborene; der Name Lycien selber ist aber wiederum entweder von λύκη Licht, oder λύκος Wolf herzuleiten. Wie dem nun sei, so viel ist gewiß, daß alte religiöse Vorstellungen den Wolf mit Apollo zusammenbrachten und zwar wahrscheinlich auf verschiedenen Wegen. Ehe nämlich Apollo mit Helios identificiert wurde, war er hauptsächlich der Gott des Todes, und zwar wurde besonders der schnelle Tod der Jugend seinen fernhintreffenden „sanften Geschossen“ zugeschrieben; doch erscheint er auch in fürchterlicherer Gestalt, wie als Pestgott am Eingang der Ilias. In dieser Eigenschaft gebührt ihm der Wolf, das uralte Symbol

---

[1] Nach Aelian, De natura animalium L. X. c. 26, ist der Wolf der Liebling des Helios aus demselben Grunde, ed. Jacobs. Jenae 1832, I. 230.

[2] Antonius Liberalis C. XXXV.

[3] Strabo XII. XIV. Pauly, Realencykl. v. Lycia.

[4] Servius Aeneis IV. v. 377.

des jählings überwältigenden Todes. Apollo selber erscheint in Wolfs=
gestalt, als er die Telchinen auf Rhodos erwürgt. [1]

Apollo ist aber außerdem der kathartische und hilastische
Gott, und der Wolf wird auch gefaßt als der flüchtige Mörder,
darum gebührt er dem Apollo auch von dieser Seite als Sinnbild des
Asyls und der Mordsühne. [2]

Der Wolf soll aber endlich auch als Symbol des Lichts dem Son=
nengott Apollon zugehören. Die Frage, wie er — lucus a non lu-
cendo — zu dieser Bedeutung komme, hat manigfache Conjecturen her=
vorgerufen. Schwenck hebt die grauröthliche Farbe des Wolfs als ein
Sinnbild des in's Frühroth übergehenden Morgengraus hervor. [3] K. O.
Müller macht auf das scharfe Auge des Wolfes aufmerksam. [4] Diese
Erklärungen werden jedoch wenig Glück machen. Wenn wir die übrigen
Möglichkeiten eines Zusammenhangs zwischen Wolf und Lichtgott betrach=
ten, so wäre zuerst die Frage zu beantworten, ob eine innere Verwandt=
schaft zwischen beiden überhaupt zu supponieren sei. Denn es ist sehr
wohl denkbar, daß man das Wolfssymbol, welches von Anfang an dem
Apollo gehörte, so eng mit der Person des Gottes verbunden glaubte,
daß man es ihm auch als Lichtgott belassen zu müssen meinte. Dazu
käme, daß λύκος und λύκη des Gleichklanges halber in geheimnißvollem
Zusammenhang gedacht werden mochten, und λύκος zur phonetischen
Hieroglyphe für λύκη, [5] das Bild des Wolfs zum calendarischen Hiero=
glyphenbild für Sonne und Tag werden konnte. [6]

---

[1] Servius ad Aeneid. IV. 377. Klausen, Aeneas und die Penaten, Hamburg u.
Gotha 1839, I. p. 15.

[2] S. Ulrichs Reisen und Forschungen in Griechenland p. 63 und besonders O. Jahn,
über Lycoreus, Berichte der sächsischen Akademie, I. 1848, p. 423 ff.

[3] Sinnbilder der alten Völker p. 521.

[4] Dorier I. p. 305.

[5] Preller in Pauly's Realencykl. v. Lycaeus.

[6] So heißt das Jahr λυκάβας (Macrobius, Saturnal. I. 17) „weil die Tage
desselben rückwärts aneinander hängen, sowie die Wölfe, wenn sie über einen reißenden
Fluß schwimmen, einer den andern am Schweife fassen; das Jahr ist dieser Fluß, und
die Wölfe sind die einzelnen Tage." Suidas, Lexicon v. λυκάβας. Creuzer, Symbolik

Doch außer dieser rein äußerlichen Beziehung des Wolfs zur Sonne
ließe sich doch auch eine innere denken, und zwar wäre das tertium
comparationis nicht das Licht, sondern die Hitze, die verderbliche, sen=
gende und dörrende Gluth der Sommersonne; dieser schädlichen Wirkung
der Sonne konnte der Wolf, der Allschädiger, wohl als Symbol dienen.
H. D. Müller, welcher diese Ansicht vertritt, faßt die zerstörende Som=
mersonne als den chthonischen Göttern unterthan. ¹)

Apollo Lykaios hatte Tempel in Argos, ²) Sikyon ³) und in Athen; ⁴)
in der Nähe des letztern war das Gymnasium, das nach ihm Lykeion,
Lyceum, hieß; dort sprach der Polemarch Recht bei der Statue eines
Wolfes. ⁵) Auch in dem Heiligthum des Gottes zu Delphi stand ein
eherner Wolf, nach Aelian ⁶) in Hinweis auf die Geburt der Latona,
nach Pausanias ⁷) zum Gedächtniß eines Wolfs, der einen mit Tempel=
raub entfliehenden Mann zerrissen hatte.

Der Name Lykaios kam jedoch nicht allein dem Apollo, sondern
auch dem Aethergott Zeus zu, und zwar mag auch hier an den ver=
derblichen Einfluß der Sommerhitze gedacht werden. Zeus hatte seine
Opferstätten auf hohen Bergen, welche bald im Sonnenschein über weite
Lande leuchteten, bald in Wetterwolken drohend sich verhüllten; so auf
dem ὄρος Πανελλήνιον auf Aegina, auf dem ὄρος Ἀταβύριον auf Rho=
dos und ganz besondes auf dem Λύκαιον ὄρος, der Kuppe des arkadischen

---

II. 134. Richtiger ist jedoch ohne Zweifel die Uebersetzung λυκάβας mit „Lauf des
Lichts."

¹) Ueber den Zeus Lykaios, Programm des Gymnasiums zu Göttingen, Gött.
1851, p. 21.

²) Pausanias II. 19, 3. Dort veranlaßte die Verehrung des Gottes unter diesem
Namen der Einfall eines Wolfs in eine Stierherde, was in einer Erzgruppe auf dem
Markte dargestellt war. Plutarch, Pyrrhus, c. 32. Die ältesten Münzen der Stadt
trugen den Wolf, später zugleich den lorbeerbekränzten Kopf des Apollo Lycius. Pellerin,
Recueil, T. I. pl. 20, Nr. 14.

³) Pausanias II. 9, 7.

⁴) Pausanias I. 19, 4.

⁵) Suidas v. ἄρχων. Hesych. v. ἐπιλύκιον. Bekker, Anecdota, I. 449.

⁶) De natura animalium X. c. 26.

⁷) L. X. 14, 4.

Gebirgsknotens nordwestlich von Megalopolis. [1]) Pausanias [2]) erzählt, daß auf diesem Berg ein dem Zeus Lykaios geweihter Raum sei, den Niemand betreten dürfe (ein *ἄβατον*). Wer aber das Gesetz mißachtend hineingeht, der wird im selben Jahre sterben, [3]) Als wunderbar wird ferner berichtet, daß es dort keinen Schatten gebe; wenn ein Wild vor dem Jäger sich in das Heiligthum flüchtet, so wird dieser außerhalb der Grenzen zurückbleiben und dem Thiere nachsehend keinen Schatten desselben erblicken. Auf der höchsten Spitze des Berges ist der Altar des lykäischen Zeus von Erde aufgeschüttet; von diesem kann man den größten Theil des Peloponnesos übersehn. Vor dem Altar stehen gegen Sonnenaufgang zwei Säulen (Sonnensymbole), auf welchen in frühern Zeiten zwei goldene Adler gebildet waren. Hier wurde dem Gott im Geheimen — *ἐν ἀπορρήτῳ* — geopfert.

An diesen Ort knüpft sich die älteste Werwolfsage. Lykaon nämlich, der Sohn des Pelasgos, des ersten Königs von Arkadien, gründete auf dem lykäischen Berg Lykosura, die älteste aller Städte, gab dem Zeus den Beinamen *Λύκαιος* und setzte ihm Kampfspiele ein, *Λύκαια* genannt. Auf dem Altar des Gottes aber opferte er einst ein Menschenkind und besprengte mit dem Blute den Altar; da soll er augenblicklich in einen Wolf verwandelt worden sein. So erzählt Pausanias VIII, C. 2. — Apollodor [4]) aber giebt eine andere Version: Lykaon, der Sohn des Pelasgos und der Meliboä, des Oceans Tochter, oder nach Andern der Nymphe Kyllene, war König der Arkabier und hatte mit vielen Frauen 50 Söhne erzeugt. Diese übertrafen alle Menschen an Uebermuth und Ruchlosigkeit. Zeus, um sie zu prüfen, kam in der Gestalt

---

[1]) Auf dem Lykaion hatte auch Pan seinen Cult, er soll dort geboren sein und hatte daher wie Zeus den Beinamen Lykaios. Pausanias VIII. 38, 5. Virgil, Aen. VIII. 344. Ovid. Metam. I. 698. VIII. 317. Fast. II. 424.

[2]) VIII. 38, 5.

[3]) Eine andere Sage lautet, daß wer das Abaton betreten habe, als Hirsch davonfliehe, um nicht geopfert zu werden, „wobei der verfolgende Gott natürlich als Wolf der Phantasie vorschwebte.“ K. O. Müller, Dorier I. 306. Theopomp bei Polybius XVI. 12, 7. Plutarch. Qu. Grach. 39.

[4]) Bibliotheca L. III. c. 8, 1.

eines dürftigen Taglöhners zu ihnen. Sie luden ihn zu Tisch, schlachteten ein Kind von den Inwohnern der Gegend, mischten dessen Eingeweide unter das Opfer und setzten es auf den Rath des ältesten Bruders Mä= nalos zum Essen vor. Da stieß Zeus den Tisch um, woher der Ort nun Τραπεροῦς genannt wird, und erschlug den Lykaon und dessen Söhne mit dem Donnerkeil. Nur den Jüngsten, Nyktimos, verschonte er, denn Ge, die Erdgöttin, streckte die Hände empor, ergriff die Rechte des Zeus und beschwichtigte seinen Zorn. — Lykophron 481 dagegen läßt alle in Wölfe verwandelt werden.[1] — Nach Hyginus[2] kam Jupiter zu Lykaon um seiner schönen Tochter Callisto willen, die von ihm den Arkas, qui ex suo nomine terrae nomen indidit, empfieng. Hier werden die Söhne mit dem Blitz erschlagen, der Vater allein in einen Wolf ver= wandelt. — Bei Nicolas Damascenus[3] ist Lykaon rein und rechtschaf= fen, seine Söhne aber sind ruchlos, und da der Vater sagte, beim Opfer sei jeden Tag Zeus in eines Fremdlings Gestalt anwesend, so mischten sie, um dieß zu erproben, eines geschlachteten Knaben Fleisch unter das Opfer; da fielen Blitze vom Himmel, welche alle erschlugen, die bei dem Mord des Kindes betheiligt waren. — Nach Ovid[4] ist es Lykaon allein, der dem mit Götterzeichen[5] in sein Haus getretenen Jupiter zu versuchen, einen Mann, den ihm die Molosser als Geisel gesandt, schlach= tet und theils gekocht, theils geröstet dem Gotte vorsetzt. Dieser stürzt mit der rächenden Flamme das Dach auf die Penaten.

Territus ille fugit, nactusque silentia ruris
Exululat frustraque loqui conatur; ab ipso
Colligit os rabiem, solitaeque cupidine caedis
Vertitur in pecudes, et nunc quoque sanguine gaudet.
In villos abeunt vestes, in crura lacerti;
Fit lupus et veteris servat vestigia formae,
Canities eadem est, eadem violentia vultus,
Idem oculi lucent, eadem feritatis imago[6] etc.

---

[1] Scholiae Tzetzae, ed. Müller, Lipsiae 1811. Vol. II. p. 635.
[2] Fabulae Nr. CLXXVI ed. Bunte, Lipsiae p. 133.
[3] Historiarum Excerpta et Fragmenta, ed. Orellius, Lipsiae 1804, p. 41 f.
[4] Metam. I. v. 198, 399.
[5] Signa dedi venisse Deum. v. 220.
[6] I. v. 239.

Nach Eratosthenes (Cat. 8.) schlachtete Lykaon seinen Enkel Arkas, den Zeus wieder zusammenfügte und unter die Sternbilder versetzte. Nach Lycophron-Tzetzes [1]) ist es der Jüngste, Nyktimos. [2])

Pausanias [3]) fügt seinem Bericht noch folgende Bemerkung bei: Die Arkader erzählen, daß nach dem Lykaon beim Opfer des lykäischen Zeus immer Einer zum Wolf geworden, es jedoch nicht sein ganzes Leben geblieben sei. Wenn er sich nämlich als Wolf des Menschenfleisches enthalten habe, sei er nach zehn Jahren wieder Mensch geworden; habe er aber solches gekostet, so sei er auf immer Thier geblieben. — Diese Sage berührt auch Plato als eine allgemein bekannte: [4]) Derjenige, welcher im Heiligthum des Lykäischen Zeus menschliche Eingeweide gekostet hat, wird mit Nothwendigkeit in einen Wolf verwandelt. — Plinius [5]) ergänzt diese Berichte folgendermaßen: Evanthes, ein namhafter griechischer Autor, erzählt, daß er bei den arkabischen Schriftstellern die Nachricht gefunden habe, es werde aus dem Geschlechte des Anthus durch's Loos Einer bestimmt und an einen arkabischen See gebracht, wo er seine Kleider an einer Eiche aufhänge, über den See schwimme und in einen Wolf verwandelt neun Jahre lang in Einöden herumirre und mit andern Wölfen sein Wesen treibe. Habe er nun binnen der Zeit sich an keinem Menschen vergriffen, so schwimme er nach neun Jahren wieder über den See und bekomme seine Gestalt wieder, nur daß er um neun Jahre älter sei. Auch dieß wird dabei erzählt, daß er sein voriges Kleid wieder finde. — So erzählt Agriopas, der Nachrichten von den Siegern von Olympia gesammelt hat, daß Demenätus von Parrhasia bei einem Opfer, wo damals die Arkabier dem Jupiter Lyceus noch Menschenfleisch darbrachten, von dem Fleische eines geopferten Knaben genossen und sich in einen Wolf verwandelt habe; doch sei er im zehnten Jahre wieder zur menschlichen Gestalt zurückgekehrt und Sieger im Faustkampf zu Olympia ge-

---

[1]) A. a. O. p. 638 f.
[2]) Eine eigenthümliche Deutung des merkwürdigen Mythus s. bei H. D. Müller, Ueber den Zeus Lykaios, Gött. 1851.
[3]) VIII. 2, 3.
[4]) De Republica L. VIII. c. 16.
[5]) Historia naturalis VIII. c. 22.

worden. ¹) — Auguſtinus ²) führt dieſelben Sagen aus Varro an bei
Gelegenheit der in Vögel verwandelten Gefährten des Diomed. Varro
glaubt, daß die Tempel Pans und Jupiters in Arkadien aus keinem
andern Grund Lycaei genannt wurden als wegen dieſer Verwandlung der
Menſchen in Wölfe.

Hier lehnt ſich die Werwolfſage deutlich an einen alten Cultus
an und zwar unverkennbar an einen Cultus mit Menſchenopfern,
welche jener geheimnißvolle Ritus des Zeus Lykaios noch zu Pauſanias
Zeit andeuten mochte, ³) wie uns auch ſonſt in Sagen und Gebräuchen
Spuren jenes furchtbaren Gottesdienſtes begegnen. ⁴)

Das rauhe Bergland Arkadien, in der Urzeit mit Pelasgern bevöl=
kert, wurde für die Wiege des Menſchengeſchlechts gehalten. ⁵) Das Dun=
kel ſeiner tiefen Thalſchluchten, die düſtere Einſamkeit ſeiner Hochebenen,
die Wildheit ſeiner felsbeengten und felsbeſchatteten Gewäſſer und ſein
kalter, feuchter, ſchwerherniederdrückender Himmel machen es ſo recht zum
Schauplatz jenes finſteren, traurigen Gottesdienſtes. Wenn wir der von
Apollodor berichteten Sage glauben wollen, ſo wäre, da ſämmtliche von
ihm aufgezählten Söhne des Lykaon perſonificierte Städtenamen ſind,
Mänalon der Hauptſitz des Cultes mit Menſchenopfern oder ſein Aus=
gangspunkt für Arkadien geweſen, ⁶) und wenn Agriopas Recht hat, ſo

---

¹) Sprengel, Beiträge zur Geſchichte der Medicin, Halle 1794, Bd. I. 2. Stück
p. 14. — Plinius fügt aufgeklärt hinzu: »Mirum est quo procedat Graeca credu-
litas. Nullum tam impudens mendacium est, ut teste careat.

²) De civitate Dei. L. XVIII. c. 17.

³) S. die Stelle in Plato's Minos, wo von Menſchenopfern die Rede iſt; dort
muß es unſtreitig ἐν τῇ Λυκαίᾳ, zu Lykäa in Arkadien, heißen. Creuzer, Symbolik
II. p. 139. Böckh in Platonis Minoem p. 55 ff.

⁴) Z. B. in den Sagen von Iphigenia in Aulis und auf Tauros, vom Opfer der
Kallirrhoe und des Koresos (Pauſanias, VII. 21, 1—5) u. a.; in den von Mänaden
bei orgiaſtiſchen Feſten des trieteriſchen Dionyſos verübten Mordthaten, in der blutigen
Geißelung ſpartaniſcher Knaben am Altar der Artemis u. ſ. w. S. Suchier, De
victimis humanis apud Graecos, Marburg 1848, Pars I. G. Fr. Hermann, Gottes-
dienſtliche Alterthümer §. 27, 1. 2.

⁵) Man nannte die Arkadier πρσσέληνοι, vor dem Mond exiſtirend; Statius,
Thebais IV. 175 nennt ſie: Arcades astris lunaque priores.

⁶) Pauly, Realencykl. v. Lycaon.

hat dieser Cult noch in die Zeit der olympischen Spiele (beginnen in der ersten Hälfte des 8. Jahrhundert v. Chr.) herabgereicht.

Außer Zweifel ist jedenfalls, daß obige Sagen von jenen Menschen=opfern ausgehen; in welcher Beziehung jedoch der Werwolf zu denselben stehe, wird kaum mit Bestimmtheit zu ermitteln sein, da hier dunkle Er=innerungen einer fernen Vergangenheit mit Anschauungen späterer Kultur=perioden vermischt sind. Ursprünglich wurde wohl der Gott, dem das menschliche Opfer blutete, in Wolfsgestalt, in der Gestalt des unersätt=lichen Todes, gedacht; und es mögen weiterhin Wölfe gewesen sein, denen man als heiligen Thieren und Boten der Gottheit das Opfer ganz oder theilweise überließ. Den Priestern, welche wohl Namen und Tracht von denselben geborgt hatten, war nach dem Glauben des Volks die Gabe verliehen, sich in das Lieblingsthier der Gottheit zu verwandeln und zwar geschah dieß wahrscheinlich dadurch, daß sie beim Opfer von den mensch=lichen Eingeweiden (σπλάγχνα, exta) kosteten. Der Genuß von Menschen=fleisch bewirkt auch bei andern Völkern dämonische Verwandlungen. [1]) So befestigte sich der Glaube, daß bei jedem großen Opferfest der Gott=heit, welches wohl alle neun oder zehn Jahre Statt fand, einer der

---

[1]) Z. B. bei den Indern: Der Knabe Bijayabatta wird dadurch, daß ihm Menschen=hirn an die Lippen spritzt, zum mörderischen, leichenzerfleischenden Rakschasa. Somabeva-Brockhaus p. 142. Durch den Genuß eines unreifen Kindes wird ein Zauberer zum halbgöttlichen Bidyadhara a. a. O. p. 155. — Man opferte den Dämonen Dakinis Menschenfleisch, um Zauberkräfte von ihnen zu erlangen p. 104 und in dem Märchen von dem geschlachteten Sohn des Königs Adityaprabha, dem indischen Urbild der im Abendland verbreiteten Sage vom König, der seines Seneschals Sohn tödten wollte, vom „Gang nach dem Eisenhammer"; a. a. O. 106. Auch in den deutschen Hexen=processen kommt die Beschuldigung häufig vor, die Zauberer graben Kinderleichen aus, um sie zu essen; dieß bekennen z. B. alle Hexen im Ries (die Zeitschrift: Das Ries, Heft 6 und 7). Nach dem Volksglauben im Braunschweigischen muß Jeder, der Men=schenfleisch kostet, auf immer Menschenfresser werden; so wird in einem Märchen aus Seesen erzählt, daß eine Menschenfresserin einem Mädchen im Walde Wurst anbot, dieses aber war von einer weißen Katze gewarnt und nahm nichts an, denn die Wurst war von Menschenfleisch. Die Katze hängte hierauf die Würste an die Büsche, da kamen die Raben und Wölfe und fraßen sie auf und mögen von der Zeit an am liebsten Men=schenfleisch. Colshorn, Märchen und Sagen, Hannover 1854. Märchen Nr. 8: Die weiße Katze.

Priester sich in einen Wolf verwandle und so lange in dieser Gestalt bleibe, bis er beim nächsten Fest von einem andern abgelöst werde, vorausgesetzt, daß er das verzaubernde Menschenfleisch nicht wiederholt genossen habe, und dieser Glaube lebte in der arkadischen Sage fort, auch nachdem die Menschenopfer längst abgekommen waren, und fand reichliche Nahrung in dem Grauen und Abscheu, den die letzteren bei den späteren Generationen erregten. Jenes Geschlecht der Anthos war ohne alle Zweifel die alte Priesterfamilie des lykäischen Zeus. In wie weit die Sage mit einem wirklichen ritualen Vorgang zusammenstimmte, wage ich nicht zu entscheiden. H. D. Müller hat die annehmbare Meinung ausgesprochen, daß die alte Wolfsverwandlung Gegenstand dramatischer Darstellung im mysteriösen Cult des Zeus Lykaios gewesen sei. [1])

Der Werwolf — λυκάνϑρωπος — der Griechen hieng also ursprünglich mit religiösen Vorstellungen zusammen. Doch finden wir ihn ferner, wie bei den übrigen Völkern, als Zauberer und Verzauberten. Ich erinnere vor Allem an die verwandelten Menschen bei Kirke: Ἀμφὶ δέ μιν λύκοι ἦσαν ὀρέστεροι ἠδὲ λέοντες, Τούς αὐτὴ κατέϑελξεν, ἐπεὶ κακὰ φάρμακ' ἔδωκεν. [2]) Den zauberkundigen Schmieden auf Rhodos, den

---

[1]) Ueber den Zeus Lykaios p. 33 ff.

[2]) Odyssea X. v. 212. Boëthius, De Consolatione Philosophiae L. IV. schildert die Verzauberung folgendermaßen:

> Pulchra qua (insula) residens Dea,
> Solis edita semine
> Miscet hospitibus novis
> Tincta carmine pocula,
> Quos in varios modos
> Vertit herbipotens manus:
> Hunc apri facies tegit,
> Ille Marmaricus leo
> Dente crescit et unguibus,
> Hic lupis nuper additus
> Flere dum parat ululat.

S. die ganz ähnliche Erzählung in den Märchen von Tausend und Eine Nacht. Uebersetzung von Weil, III. p. 62 ff.

Telchinen, wurbe neben dem Wettermachen auch das ἀλάττειν τὰς ἰδίας μορφάς als besondere Kunst zugeschrieben. [1]

Hieher gehört endlich der äsopische Schwank: Κλέπτης καὶ Πανδοχεύς: Ein Dieb hielt sich einige Tage in einer Kneipe auf, ohne etwas stehlen zu können. Da sah er eines Tages den Wirth in einem schönen neuen Gewand vor der Thüre sitzen, trat zu ihm und begann eine Unterhaltung. Im Verlauf derselben hub er an zu gähnen und darauf zu heulen wie ein Wolf. Der Wirth fragte, was das bedeute, und jener erwiderte: „Ich werde dir's sogleich sagen, doch bitte ich dich zuvor, daß du meine Kleider bewachst, denn ich werde sie hier zurücklassen. Ich weiß nicht, woher mir dieses Gähnen kommt; ob ich es meiner Sünden willen habe oder durch irgend andere Schuld, ist mir unbekannt: wenn ich dreimal gegähnt haben werde, so verwandle ich mich in einen Wolf, der Menschen verschlingt." Nach diesen Worten gähnte er zum zweiten Mal und heulte darauf wie zuvor. Der Wirth stand auf, um sich davon zu machen; der Dieb aber hielt ihn an seinem Chiton fest und rief: „Bleib, ich bitte dich, und hüte meine Kleider, daß ich sie nicht zerreiße!" Zugleich gähnte er zum dritten Mal, der Wirth aber in seiner Todesangst ließ das Gewand in des Diebes Händen und floh in den innersten Schlupfwinkel seiner Schenke. Darauf gieng der Dieb mit dem Chiton von bannen. [2]

Auch bei den altitalischen Völkern ist der Wolf das Symbol der Unterweltsgötter. Charon erscheint auf einem etruskischen Bilde zu Pferde sitzend mit einem Hammer und mit Wolfsohren — als der schnelle, erschlagende und verschlingende Todesgott. [3]

Bei den Sabinern hieß der Gott des Todes Soranus und seine Priester hießen Hirpi — Wölfe; sie pflegten bei den Festen auf dem Berge Soracte bis in späte Zeit mit bloßen Füßen auf glühenden Kohlen von Fichtenholz zu wandeln, und dabei Eingeweide von Opferthieren um=

---

[1] Diodorus Siculus, Bibliotheca Historica V. 55 ed. Bekkerus Lipsiae 1853, I. p. 470. Ennemoser, Geschichte der Magie, Leipzig 1844, p. 600.

[2] Fabulae Aesopicae collectae ex rec. C. Halmii. Lipsiae 1852, p. 97 (ed. Furia Nr. 423. Corais Nr. 425).

[3] Schwenck, die Sinnbilder der alten Völker p. 524.

herzutragen. [1]) Servius (zur Aeneis XI, 785) erzählt, der Berg sei den Diis manibus, besonders dem Dispater geweiht; bei einem Opfer des Gottes hätten Wölfe die Eingeweide aus dem Feuer gerissen und fortge=schleppt, die Hirten seien durch die Verfolgung an eine Höhle geführt worden, deren Gifthauch sie ergriffen und eine Pest hervorgebracht habe; ein Orakel habe verkündet, sie sollten Wölfen ähnlich vom Raube leben. Sie befolgten diesen Befehl und hießen nun Hirpini Sorani — quasi lupi Ditis patris, denn irpus ist lupus. [2]) Hier wird also Räuberei, als dem Alles dahinraffenden Herrn der Unterwelt wohlgefällig, wie eine Art Gottesdienst angesehen.

Bei den Römern war der Wolf das heilige Thier des Mars (lupus Martius), der seinem Namen nach ursprünglich als Todesgott zu fassen ist, [3]) und spielte in der Gründungsgeschichte Roms eine bekannte Rolle: Die zum Hain des Mars gekommene Vestalin Rhea Silvia wird von einem Wolf in eine Höhle gescheucht, wo sie in des Gottes Umarmung fällt; [4]) eine Wölfin säugt die Kinder des Gottes am ruminalischen Feigen=baum, die göttlich verehrte lupa Romana, [5]) in der wohl auch eine alte

---

[1]) Plinius Hist. nat. VII. 2. Solinus, Polyhistor c. 2, 26; K. O. Müller, die Etrusker, Breslau 1828. Bd. II. p. 68. Bei Virgil (Aen. XI. 785) wird der auf dem Soracte verehrte Gott Apollo genannt:

Summe deûm sancti custos Soractis Apollo,
Quem primi colimus, cui pineus ardor acervo
Pascitur, et medium freti pietate per ignem
Cultores multa premimus vestigia pruna.

Strabo V. 2 rechnet diesen Gebrauch zum Feste der gleichfalls in Wolfsgestalt, als Lupa, erscheinenden sabinischen Göttin Feronia (Flora). Schwegler, römische Geschichte, Tüb. 1853, I. p. 361.

[2]) Festus v. Irpini. K. O. Müller, Etrusker II. 67. Hirpiner hieß auch ein samnitischer Volksstamm, welcher seinen Namen der Führung eines Wolfs verdankt haben soll. Strabo II. 208.

[3]) Schwegler, röm. Gesch. I. p. 228.

[4]) Servius, Aen. I. 273.

[5]) Romuli nutrix lupa honoribus est affecta divinis. Lactantius, Institut, I. 20. — Die auffallendsten Eigenschaften der Wölfin sind Raubsucht und buhlerische Lüsternheit; daher benannte der Römer diejenige Gattung von menschlichen Weibern, welchen dieselben Eigenschaften als vorzügliche Merkmale zukommen, mit dem Namen

Göttin — Luperca, Fauna, Rumina, Acca Larentia — verborgen ist. Von doppelter Bedeutung war der Wolf für den später zum Kriegsgott gewordenen Mars. [1] An der appischen Straße stand das Bild des Gottes unter Bildern von Wölfen. [2]

In welchem Verhältniß der Wolf zu den Lupercalien stehe, ist noch nicht entschieden. Der Gott, dem das Fest gefeiert wurde, ist Faunus oder Inuus (dem Mars ganz nahe verwandt) mit dem Beinamen Lupercus. [3] Das letztere Wort wird auf die verschiedensten Arten gedeutet; unter den Ableitungen sind bis jetzt die besten die der Alten von lupus und arcere — der Wolfabwehrende [4] — und die Schweglers von lupus und hircus — Wolf-Bock, „eine Bezeichnung, welche die beiden Seiten der in Faunus sich darstellenden chthonischen Macht, die zerstörende, leben= vernichtende und die hervorbringende, lebenerzeugende als wesentlich connexe zumal ausspricht." [5]

Beim Fest der Lupercalien am 15. Februar wurden Ziegen und ein Hund geopfert, mit dem blutigen Messer berührte man zwei Jünglinge

---

lupa (davon lupanar, lupari). In diesem Sinne wurde von den rationalistischen Enkeln das Symbol der säugenden Wölfin gedeutet, indem die Vermuthung Raum gewann, Acca Larentia, die Frau des Hirten Faustulus, der die Zwillinge auffand, sei unter den Hirten vulgato corpore lupa genannt worden — inde locum fabulae ac miraculo datum. Livius I. 4. S. weitere Stellen bei Schwegler I. 397.

[1] Der Wolf war im auspicium pedestre die bedeutendste Erscheinung. Er verhieß die Hülfe des Mars (s. z. B. Livius X. 37). Beim Antritt einer Reise jedoch war bei den Römern im Gegensatz zu den Germanen das Entgegenkommen eines Wolfes ein böses Zeichen. Horat. Od. III. 27, 1. Plinius Hist. Nat. VIII. 23. 84.

[2] Livius XXII. 1. Schwegler I. 416. Auch im Mittelalter wurde diese Symbolik beibehalten, so sagt Chaucer von einer Statue des Mars:

A wolf ther stood byforn him at his feet
With eyen reed, and of a man he eet.

The Knightes Tale, Canterbury Tales v. 2049 f.

[3] Außerdem wurde auch der Geburtsgöttin Juno beim Feste gedacht.

[4] Becker und Marquardt, Handbuch der römischen Alterthümer, Leipz. 1856, IV. 401, neigen sich der erstern Ableitung zu, so auch Gerhard, Archäologischer Nachlaß aus Rom, Berlin 1852, p. 92, der lupercus mit Werwolf übersetzt „Wer" irrthümlich von „wehren" arcere ableitend.

[5] Röm. Gesch. I. p. 361.

an der Stirne und wischte ihnen sobann mit Wolle, die in Milch getaucht war, den blutigen Flecken wieder ab, worauf sie lachen mußten.

Die Einen [1]) sehen in diesem Gebrauch Spuren alter Menschen= opfer; die Andern [2]) sehen hier ein bloßes Lustrationsfest und ihnen be= deutet das Abwischen des Bluts die Reinigung von aller Schuld.

Nach dem Opfermahle schnitten die Priester, Luperci genannt, die Felle der geopferten Ziegen in Riemen und liefen nackt, nur mit einer Schürze aus Ziegenfellen umgürtet, durch die Stadt, um die ihnen be= gegnenden Frauen mit den Riemen (februa) zu schlagen, was auf Un= fruchtbare heilend wirken sollte. [3]) — Die Beantwortung der Frage über Ursprung und Bedeutung des Lupercusdienstes muß den Specialforschun= gen überlassen bleiben.

Die Wolfsverwandlung als Zauberkunst erwähnt zuerst Virgil, wenn er seinen Hirten Alphesiböus singen läßt:

> Has herbas atque haec Ponto mihi lecta venena
> Ipse dedit Moeris, nascuntur plurima Ponto,
> His ego saepe lupum fieri et se condere silvis
> Moerin saepe animas imis excire sepulcris
> Atque satas alio vidi traducere messis. [4])

Ferner sagt Properz einer Kupplerin nach:

> Audax cantatae leges imponere Lunae
> Et sua nocturno fallere terga lupo. [5])

---

[1]) Böttiger, kleine Schriften, Dresden und Leipzig 1837, I. p. 153. Schwenck, Mythologie der Römer p. 140. O. Jahn, über Lycoreus (Berichte der sächs. Akademie I. p. 427) Zinzow de Pelasg. Rom. sacr. p. 18. Schwegler, röm. Gesch. I. 363. — Darauf weist auch die Ueberlieferung, daß der Dienst des Lupercus mit dem des Zeus oder Pan Lykaios zusammenhänge und durch Evander aus Arkadien nach Italien gebracht worden sei. Liv. I. 5. Ovid. Fast. II. 381. Virg. Aen. VIII. 342 ff.

[2]) Becker-Marquardt, röm. Alterth. IV. 404. Daß den Lupercalien sühnende, reinigende Wirkung zugeschrieben wurde, wird einstimmig berichtet, und von februare, reinigen, hat der Monat, in welchen das Fest fiel, seinen Namen erhalten.

[3]) Aen. VIII. 663. Juvenal II. 142. Zu den beiden uralten Collegien der Lu= perci, den Fabianern und Quintilianern, kamen zu Ehren Cäsars die Julianer oder Julier. Luperci gab es übrigens nicht allein in Rom, sondern auch in Präneste, Nepete, Perusia, Veliträ, Nemausum. Pauly, Realencykl. IV. 1236.

[4]) Bucol. VIII. 95 ff.

[5]) L. IV. Eleg. 5. In lenam v. 13 f.

Eine echte Werwolfsgeſchichte erzählt Niceros im Gaſtmahl des Tri-
malchio von Petron. [1]) Derſelbe gieng in einer hellen Monbnacht in
Begleitung ſeines Wirthes (erat autem miles fortis tanquam Orcus)
über Feld, um ſeine Geliebte zu beſuchen. Da begann der Wirth plötzlich
ſeine Kleider abzuziehen und auf den Weg zu legen; barauf circumminxit
vestimenta sua und wurde augenblicklich zum Wolf, der heulend in den
Wald lief. Der entſetzte Niceros wollte die Kleider aufheben, aber ſie
waren verſteinert; vor Angſt athemlos und in Schweiß gebadet langte er
bei ſeiner Geliebten an, welche ihn mit den Worten empfieng: „Wenn du
etwas früher gekommen wäreſt, hätteſt du uns helfen können, denn ein
Wolf iſt in den Hof gebrochen und hat unter dem Vieh blutige Ver-
heerungen angerichtet; doch ſollte er nicht heil entkommen, unſer Knecht
hat ihm mit einem Speere den Hals durchſtochen.“ Als Niceros auf
dem Heimweg an die Stelle kam, wo ſein Begleiter die Gewande nieder-
gelegt hatte, fand er nichts als Blut. Zu Hauſe aber traf er ſeinen
Wirth im Bette und einen Arzt, der beſchäftigt war, ihm den Hals
zu verbinden. „Da erkannte ich,“ ſchließt der Erzähler, „daß er ein
versipellis war, nec postea cum illo panem gustare potui, non si me
occidisses.“

Versipellis heißt ein Menſch, der ſeine Haut, ſeine Geſtalt zu ändern
vermag; ein ſpecielles Wort für Werwolf giebt es im Lateiniſchen nicht.

Eine reiche Fülle von Verwandlungsſagen eröffnet ſich uns bei den
germaniſchen Völkern. Bekannt ſind als ſymboliſche Thiere neben
den Böcken des Thor, den Ebern Freirs, den Katzen Freyjas, den Schwa-
nen Berchtas vor Allem die Wölfe Odins. Sie heißen in der altnor-
biſchen Mythologie Geri und Freki, — gierig und frech, — und ſitzen
wie ſeine Hunde zu beiden Seiten des Throns; ihnen bietet er das ihm
vorgeſetzte Fleiſch, denn er ſelbſt lebt einzig von Wein. [2]) Dieſen Wöl-

---

[1]) Titi Petronii Satyricon, Lipsiae 1731, p. 68.

[2]) Grimnismal 19. Grimm, deutſche Mythologie, 3. Ausgabe, Göttingen 1854,
p. 134. Simrock, Handbuch der deutſchen Mythologie, Bonn 1853, p. 212. — Vor
dem weſtlichen Thore Walhalls hängt ein Wolf, über ihm ein Adler, die Schlachten-
thiere Odins. Grimnismal 10. Noch bei Hans Sachs heißt es von den Wölfen, daß
Gott ſie bei ſich habe als Jagdhunde. Grimm, d. M., 634. Ueber den Wolf in den

fen des Schlachtengottes stehen aber andere als reine Symbole der Nacht und des Todes gegenüber. Zwei Wölfe verfolgen die leuchtenden Gestirne, Sköll die Sonne, Hati den Mond;[1]) sie bedrohen das Licht, während Lokis Sohn, der Helwolf Fenrir, auf Odins Leben selber lauert, der all= verschlingende Tod am Ende der Dinge.[2]) In der Götterdämmerung werden jene Sonne und Mond vertilgen, und diesem wird der Göttervater in den Erde und Himmel berührenden Rachen fallen.[3]) In Wolfsgestalt erscheinen die Jöten, die Feinde der Götter; so heißt es Gylfaginning 12: Oestlich von Mitgard im Walde Jarnwidr (Eisenholz) wohnt ein altes Riesenweib, diese gebiert viele Riesenkinder, alle in Wolfsgestalt, und von ihr stammen auch jene Himmelswölfe.[4])

Auf dem Wolfe, als dem schnellen Läufer, reiten Götter[5]) und Rie= sen,[6]) besonders aber die letztern; ihnen dienen Schlangen als Zügel. Auf übernatürliche Weise zu reisen, benannte man überhaupt mit den Ausdrücken gandreid Wolfsritt, at renna göndum mit Wölfen rennen; die Finnen hielt man für besonders geschickt hierin, darum auch finför.[7])

---

poetischen Schlachtschilderungen der Germanen, f. Grimm, Andreas und Elene, Cassel 1840, p. XXV f.

[1]) Grimnismal 39. Gylfaginning 12. Bei Finsternissen glaubte man, daß Sonne oder Mond von dem betreffenden Wolfe angefallen sei, und machte Lärm, um diesen zu verscheuchen.

[2]) Menzel, Odin, Stuttg. 1855, p. 242.

[3]) Völuspa 54. Gylfaginning 51.

[4]) Noch der heutige schwedische Volksglaube schuldigt alte Weiber, die einsam im Walde hausen, an, Wölfe, wenn sie gejagt werden, aufzunehmen und zu bergen; man nennt sie vargamödrar, Wolfsmütter. Grimm, deutsche Myth. 1014. Afzelius, Volkssagen und Volkslieder aus Schwedens älterer und neuerer Zeit, übersetzt von Un= gewitter. Leipzig 1842, II. p. 361.

[5]) S. Hrafnagaldr. 10.

[6]) Gylfaginning c. 49. Hindluliodh 5. S. auch das Zauberweib, Helgis Fylgja Helgakvidha Hjörvards-sonar 35.

[7]) Maurer, Bekehrung des norwegischen Stamms zum Christenthum, München 1855, II. 104. — Ulricus Molitor, in seinem dem Erzherzog Sigmund von Tyrol dedicirten Buch: De Pythonicis mulieribus Coloniae 1595. 8. Cap. IV. erzählt von einem in Konstanz als Zauberer verbrannten Bauern, daß derselbe auf einem Wolf reitend gesehen worden sei. (Abgedruckt im 2. Band des Malleus Maleficarum.)

Doch nehmen auch die Götter selber Thiergestalt an, vorzugsweise wieder um schnelle Fahrten zu machen. So ruft Harbart dem Thor zu:

Säumig betreibst du die Fahrt!
Schon wärest du weit, wenn du verwandelt führst.[1]

Häufiger als Alle übt Odin die Verwandlungskunst; er kann Ansehen und Leib wechseln, wie ihm beliebt; er erscheint als Wurm,[2] als Adler, als Falke, als Wöla u. s. w. Die Ynglinga Saga (Cap. VII.) setzt hinzu, daß sein Körper wie schlafend oder todt liege, wenn er in den verschiedensten Thier= und Menschengestalten durch die Welt fahre. Doch darf diese Entäußerung seines eigenen Leibs nicht als Regel angenommen werden; er wechselt die Gestalt kraft seines mächtigen göttlichen Willens, der über den Naturgesetzen steht, wie wir dieß besonders bei den griechischen Göttern gesehen haben. Auch Loki der Vielgewandte tritt in manichfachen Gestalten auf.[3]

Die Fylgjen, Folgegeister, Schutzgeister der Menschen, tragen fast ausnahmslos Thiergestalt und zwar entsprechend den Eigenschaften und Stimmungen der betreffenden Menschen; so erscheinen die Fylgjen tapferer, gewaltthätiger, feindseliger Männer häufig als Wölfe.[4]

Verwandlungen durch umgeworfene Hemden oder Thierhäute sind besonders bei den göttlichen Frauen gebräuchlich; so haben Frigg und Freyja

---

[1] ef thú litum foerir. Harbardsliodh. 48. Edda, überf. von Simrock, Stuttg. und Tüb. 1851, p. 45.

[2] Um durch den Hnitberg zu Suttungs Meth zu schlüpfen, Bragaroedhur. 58. — Edda-Simrock p. 294. Als Adler entflieht er dem Suttung a. a. O. als Wöla, Oegisdrecka. 24. Als Falke. Fornaldar Sögur I. 487.

[3] Als Stute empfängt er den Sleipnir von Swadilfari, Hyndluliodh 37. Gylfaginning 42; als milchende Kuh verbrachte er acht Winter unter der Erde, Oegisdrecka 23; als Fliege sticht er den Zwergschmied Brock, Skalda 61; als Weib erforscht er von Frigg das Geheimniß von Baldrs Verwundbarkeit, Gylfag. 49 und als Riesenweib Thök vereitelt er Baldrs Wiederkehr aus Helheim a. a. O., als Lachs endlich wird er gefangen, Oegisdrecka, Schluß und Gylfag. 50. Er verwandelt gleich den Zauberkünstlern im Märchen Idunn in eine Nuß. Bragarödhur 56. Loki hat Schuhe, die ihn über Luft und Wasser trugen a. a. O. 61.

[4] J. Erici Observationum Specimen, Hafniae 1769, p. 163 ff. — Maurer, Bekehrung II. 67 ff.

ihre Feder= oder Falkenkleider (fiadhrhamr, valshamr); die letztere borgt das ihrige dem Loki, als er sich erbietet, Thors Hammer auszukundschaf=ten [1]) und Jdunn aus Jötunheim zurückzuholen. [2]) Mit Schwanhemden — alptarhamir — auch wohl mit Krähenhemden — krakuhamir — erscheinen die Valkyrien; in der Völundarkvidha kommen welche an den Wolfssee — ûlfsiâr — geflogen, legen ihre Schwanhemden ab und spin=nen Flachs am Wasserstrand. [3]) — Drei Jungfrauen kommen als Schwäne an den Strand geflogen, legen die Hemden ab und baden sich, ein Jüng=ling entwendet das Hemb der Jüngsten, und diese wird seine Frau, ent=fliegt ihm aber wieder, als er ihr später das Hembe zurückgiebt. [4]) — Drei Schwanjungfern tanzen in der Johannisnacht auf eines Bauern Acker, daß alle Halme niedergetreten werden, des Bauern jüngster Sohn bringt sie durch den Raub ihrer Flügel in seine Gewalt. [5]) — In den Sagen von Helgi fliegt Kara oder Lara in Schwangestalt über dem Ge=liebten und wird von seinem eigenen hochgeschwungenen Schwert erschla=gen. [6]) — Ein Adlerhemb hat der Riese Thiassi, welcher Jdunn raubt, [7]) und der Riese Suttungr, der damit Odin verfolgt. [8])

Die Fähigkeit, sich zu verwandeln, gieng auch auf Menschen über theils als angeborne Gabe, theils als erworbene Kunst, und zwar auch hier unter den manichfaltigsten Formen. Schnelligkeit, Kraft und sich zu bergen vor Verfolgung sind die hauptsächlichsten Zwecke der freiwilligen Verwandlung.

Die fremde Gestalt heißt hamr, für den Gestaltwechsel gebraucht man den Ausdruck at skipta hömum oder at hamaz, für das Herumfahren

---

[1]) Thrymskvidha 3.

[2]) Bragaroedhur 56. Loki fliegt auch wohl zur Kurzweil damit aus und wird so einmal vom Jöten Geiröd gefangen a. a. O. 60.

[3]) Edda-Simrock, 113.

[4]) Afzelius-Ungewitter II. 301 ff.

[5]) Grimm, deutsche Mythol. 1216, 398 ff. Ueber die Schwanjungfrauen f. Hocker, Frouwa und der Schwan, Wolf, Zeitschr. für deutsche Mythologie, Göttingen 1853, I. 305 ff.

[6]) Fornaldar Sögur II. p. 372 ff. Frauer, die Walkyrien, Weimar 1846, p. 70.

[7]) Bragarodhur 56.

[8]) A. a. O. 58.

in fremder Gestalt hamför, hamfarir, für die damit erlangte Stärke hamremmi; die Person, welche sich verwandelt, heißt eigi einhamr — nicht eingestaltig —, oder je nachdem sie die Verwandlung zu Fahrten oder zur Verstärkung ihrer Kraft benützt hamhleypa oder hamrammr. [1] Da die Seele unverändert bleibt, so erfährt auch das Auge, der Seele Spiegel, keine Veränderung. Am Auge werden die Verwandelten er= kannt. [2]

In Ottergestalt sitzt Hreidmars Sohn Otr am Wasserfall und ißt blinzelnd. seinen Lachs, als ihn Loki mit einem Stein todt wirft. [3] — Fafnir, sein Bruder, liegt als Drache auf dem Hort und wird in dieser Gestalt von Sigurd auf der Gnitaheide erstochen. [4] — Als Hecht fängt sich der Zwerg Andvari seine Speise im Wasser. [5] — König Harald gebot einem klugen Mann, in verwandelter Gestalt (i hamförum) nach Island zu fahren und auszukundschaften, was er ihm von dort berichten könne; der Mann fuhr in Walfischgestalt ringsum das Land und sah, daß alle Berge und Hügel voll waren von landvaettir, Schutzgeistern des Landes, welche ihm in den verschiedensten Gestalten, als Würmer, Frösche, Eidechsen, Vögel, Stiere, Bergriesen, drohend entgegenkamen. [6] — Der alte Ingimund schickt eben dahin die Seelen von 3 Finnen. — Böðhvarr Bjarki kämpft als Bär im Heere seines Königs, während sein Leib wie todt daheim liegt. [7] — Den Egil Skallagrimsson sucht eine Zauberin in Gestalt einer Schwalbe an der Vollendung eines Gedichtes zu hindern, durch das er sich vom Tode lösen soll. [8] — Als der König Frotho III. von Dänemark („der milde Fruote") gegen eine bösartige

----

[1] Maurer, Bekehrung II. p. 102.

[2] S. Skalda 60. Maurer a. a. O. II. 103 und unten (p. 58) Hrolfs Saga Kraka.

[3] Sigurdharkvidha I, Eingang und Skalda 62.

[4] Fafnismal.

[5] Sigurdharkvidha I. Skalda 62.

[6] Heimskringla VI. Saga af Olafi konungi Tryggvasyni c. 37. Uebersetzt von Wachter, Leipzig 1835, II. 247. Knytlinga Saga c. 3. Maurer, Bekehrung, II. 64, 103.

[7] Maurer a. a. O. II. 103.

[8] Egils Saga c. 62. Maurer a. a. O. II. 104.

Zauberin auszieht, verwandelt sich diese in eine Stute, darauf in eine Meerkuh, ¹) ihre Kinder aber in Kälber, und stößt mit dem Horn den überraschten König in die Seite, daß er stirbt. Sein Gefolge wirft nun die Zauberin und ihre Brut mit Speeren zu Boden und findet beim Nähertreten menschliche Leichname mit Thierköpfen. ²) — Nach einer neuern isländischen Sage leben die Faraóslidhar, die im rothen Meer ertrunkenen Dienstleute Pharaos als eigenes Volk in Seehundsgestalt auf dem Grunde des Meeres; in der Johannisnacht dürfen sie ihre Seehunds= felle ablegen und kommen zu fröhlichem Spiel und Tanz an's Land; wer ihnen das Gewand nimmt, hat sie in seiner Gewalt, und sie bleiben Men= schen. ³) — In dem isländischen Märchen von Maerthöll wird diese von einer der Schicksalsschwestern verflucht, in der Brautnacht zu einem Sper= ling zu werden und in den ersten drei Nächten nur eine Stunde die Vogelhaut ablegen zu dürfen; ewig sollte sie Sperling bleiben, wenn ihr nicht innerhalb dieser Frist die Haut abgenommen und verbrannt würde. ⁴) — Im neueren Hindlulied wird die Königstochter Signy von der Zau= berin Hildr in einen grimmigen Hund verwandelt, jede neunte Nacht sollte sie dieser Gestalt ledig werden und nackt auf freiem Felde liegen; ihre Erlösung war an die Bedingung geknüpft, daß sich ein Königssohn ent= schlöße, sie in ihrer Hundsgestalt zu heirathen. Signy verflucht ihrerseits die Hildr, auf ewig zur Katze zu werden. Asmund, der Sohn des Königs Gunnar, sah darauf eines Tags ein nacktes Weib am Wege liegen, das sich mit Laub zugedeckt und ein Hundsgewand neben sich hatte; sie sprang auf, warf das Hemd über sich und bellte ihn an; er aber vermählte sich mit ihr und im Brautbett verwandelte sie sich wieder in die schöne Signy. ⁵)

---

¹) Vacca maritima sive bos marinus est piscis quidam similis bovi terrestri hoc excepto, quod habet squamas. Petri Olai Chronicon Regum Daniae, Scriptores rerum Danicarum, I. p. 90.
²) Saxo Grammaticus L. v. ed. P. E. Mueller, I. p. 256. Cranzius, Historia Danica L. I. c. 32. Schottus Physica curiosa, Herbipoli 1662, c. 26. Happelius, Relationes curiosae, Hamburg 1687, III. p. 487.
³) Maurer, Isländische Volkssagen der Gegenwart, Leipzig 1860, p. 172 f.
⁴) Maurer, Isländische Volksf. p. 284 f.
⁵) Maurer a. a. O. 314 ff.

Siehe ähnliche Märchen bei Cavallius und Stephens, Schwedische Volkssagen und Märchen, deutsch v. Oberleitner, Wien 1848. Dasent, Popular Tales from the Norse u. A.

Die Verwandlung in Wölfe geschieht vorzugsweise durch Wolfs= hemben — úlfahamir. Ein zusammengesetztes Wort für Werwolf findet sich nur im Bisclaretz liodh:[1]) vargúlf (Wolf=Wolf), der übliche Aus= druck ist einfach vargr Wolf, verúlfr ist Schwertsname.[2]) Die merk= würdigste nordische Werwolfssage, welche durch ihre Wildheit in das Waldleben einer grauen Vorzeit hinaufweist, ist die von Sigmund und Sinfjötli.[3]) König Wölsung hatte von seiner Gemahlin, der göttlichen Heldenjungfrau Liod, zehn Söhne und eine Tochter; der älteste Sohn hieß Sigmund, die Tochter Signy. Diese wurde wider ihren Wunsch vermählt mit König Siggeir von Gautland. Beim Hochzeitmahl ver= feindete sich Siggeir mit Sigmund wegen eines von Odin in den Hallbaum gestoßenen Schwertes. Siggeir lud darauf seinen Schwäher mit Söhnen und Gefolge nach Gautland und überfiel sie dort verräthe= risch; König Wölsung wurde erschlagen, seine zehn Söhne gefangen und im Wald in den Block gelegt. Dahin kam jede Nacht eine alte Wölfin und fraß einen um den andern von den Brüdern, bis nur noch der älteste Sigmund übrig blieb. Diesem sandte die Schwester Signy einen ver= trauten Mann und ließ ihm Gesicht und Mund mit Honig bestreichen. Als die Wölfin in der folgenden Nacht über ihn kam, leckte sie ihm den Honig vom Gesicht und streckte ihm die Zunge in den Mund; er aber biß sie in die Zunge, daß sie sich krümmte und mit den stemmenden Füßen den Stock zerklob; er aber hielt so fest, daß ihr die Zunge mit der Wurzel ausbrach und sie den Tod davon hatte. „Es ist aber die Sage einiger Männer, daß diese Wölfin König Siggeirs Mutter gewesen wäre, und sie habe durch Hexerei und Zauberkraft diese Gestalt ange= nommen." Da war Sigmund frei und baute sich im Walde ein Erdhaus.

---

[1]) Strengleikar edha Liodhabok, udgivet af Keyser og Unger, Christiania 1850, p. 30.

[2]) Grimm, deutsche Mythol. 1048.

[3]) Völsunga Saga c. 5—8. Dietrich, Altnordisches Lesebuch, Leipz. 1843, p. 58 ff.

Signy aber hatte zwei Söhne von König Siggeir, die sandte sie ihrem Bruder in den Wald, daß er sie prüfe, ob sie dazu angethan wären, der Mutter Leid an dem Vater zu rächen. Sigmund jedoch fand sie untüchtig und tödtete sie auf den Rath ihrer Mutter. Eines Tags kam ein Zauber= weib zu Signy und diese vertauschte mit ihr die Gestalt; so lag die Zauberin in des Königs Bette, Signy aber in der fremden Gestalt gieng zu ihrem Bruder in den Tann und bat ihn um Herberge. Er blickte sie an, und sie deuchte ihm lieblich, da lag er drei Nächte bei ihr auf einem Lager. Dann aber gieng sie wiederum heim, nahm ihre Gestalt zurück und gebar einen Knaben von Sigmund, der Sinfjötli geheißen wurde. Dieser war recht vom Stamme der Wölsunge; sie sandte ihn ihrem Bru= der, der nicht wußte, daß er sein Sohn war, und er fand ihn tüchtig zur Vaterrache. Um ihn an kühnes Thun zu gewöhnen, zog er mit ihm den Sommer weit durch die Wälder und sie erschlugen Männer sich zur Beute.

„Nun begab es sich einmal, daß sie auszogen in den Wald, um sich Beute zu verschaffen, aber sie fanden ein Haus und zwei Männer mit dicken Goldringen in dem Hause schlafend. Sie waren von einem Miß= geschick befreit worden, denn Wolfshemden hiengen über dem Hause über ihnen; jeden zehnten Tag vermochten sie aus den Hemden zu fahren; sie waren Königssöhne. Sigmund und Sinfjötli fuhren in die Hemden und vermochten nicht herauszukommen, und es folgte ihnen dieselbe Eigen= schaft, wie zuvor der Fall war, und sie ließen sich auch mit Wolfsstimme hören; sie verstanden beide ihre Stimmen. Nun legten sie sich auch in die Marken (Wälder) und ein jeder von ihnen fuhr seine Straße. Sie trafen unter sich die Verabredung, daß sie sich daran wagen wollten, wenn es auch sieben Männer wären, aber nicht mehr, und derjenige sollte einen Wolfsschrei hören lassen, der in Unfriede gerathe. — Gehen wir nun nicht davon ab, sagte Sigmund, denn Du bist jung und kühn, und man wird es für gut halten, dich zu jagen. Nun fuhr ein jeder von ihnen seine Straße, und als sie getrennt waren, stieß Sigmund auf Männer und ließ sich mit Wolfsstimme hören, und als Sinfjötli das vernahm, kam er sogleich herbei und tödtete alle; sie trennten sich wieder. Und als Sinfjötli nicht lange in dem Wald gelaufen war, stieß er auf

elf Männer, und es ergieng also, daß er sie alle tödtete; er wurde aber
müde und lief unter eine Eiche und ruhte sich hier. Da kam Sigmund
dar und sprach: Warum rieffst du nicht? Sinfjötli sagte: Ich wollte dich
nicht zu Hülfe rufen, elf Männer zu tödten. Da sprang Sigmund so
hart gegen ihn, daß er taumelte und fiel; Sigmund biß ihn vorn in die
Gurgel. Den Tag vermochten sie nicht aus den Wolfshemden zu fahren.
Sigmund legte ihn nun auf seinen Rücken und trug ihn heim in die
Hütte, und er saß über ihn und wünschte die Wolfshemden zu den Tröl=
len (Riesen). [1] — Sigmund sah eines Tags, wo zwei Buschkatzen waren,
und die eine biß die andere in die Kehle, und jene lief zu Walde und
nahm ein Blatt und legte es über die Wunde, und die Buschkatze sprang
heil auf. Sigmund gieng hinaus und sah, wo ein Rabe mit dem Blatte
flog und es ihm brachte; er legte dieß über Sinfjötli's Wunde, und als=
bald sprang er heil auf, als wenn er nimmer wund gewesen wäre. [2]
Darauf giengen sie zu dem Erdhaus und warteten da, bis daß sie aus
den Wolfshemden fahren sollten; da nahmen sie diese und verbrannten sie
in Feuer, und baten, daß sie Niemanden zum Schaden werden möchten,
und in diesem Mißgeschick vollbrachten sie manche Ruhmesthat in König
Siggeirs Reiche." [3] Sigmund und Sinfjötli nahmen aber später Vater=

---

[1] Dieß ist, wie mir Herr Prof. C. Maurer mittheilt, der Sinn der von Raßmann mißverstandenen Stelle: en badh tröll taka úlfhamina. Man sagte: Hol dich
der Tröll! wie bei uns: Hol dich der Teufel!

[2] Ueber das belebende Zauberkraut s. zur Vergleichung die griechische Sage von
Glaukos und Polyidos: Glaukos, der Sohn des Minos, ertrank in einem Faß voll
Honig, der Seher Polyidos sollte ihn wieder in's Leben zurückbringen und wurde, da
er sich dessen für unfähig erklärte, mit dem Todten in das Grabgewölbe eingeschlossen. Da
sah er eine Schlange auf den Leichnam zukriechen und erschlug sie; alsbald erschien eine
zweite und brachte ein Kraut, durch dessen Berührung die todte sofort wieder zum Leben kam.
Polyidos bemächtigte sich des Krautes und belebte damit den ertrunkenen Knaben. Apollodor
III. 3. S. dieselbe Geschichte im Lai d'Eliduc von Marie de France, Roquefort, Poésies de
Marie de France, Paris 1832, T. I. p. 474 f. — W. Hertz, Marie de France, Stuttg. 1862,
p. 235. — Basile, Pentamerone, übersetzt von Liebrecht I. 90 ff. — Walachische Märchen,
Schott, p. 135 ff.; Petru Firitschell. — Grimm, Kindermärchen Nr. 16, die drei Schlangen-
blätter; Nr. 60, die zwei Brüder. — Gervasius, herausgegeben von Liebrecht p. 113 u. s. w.
In unserer nordischen Sage bringt der Rabe, Odins Bote, das Blatt zurück.

[3] Raßmann, die deutsche Heldensage, Hannover 1857, I. p. 67 f.

rache an Siggeir und verbrannten ihn in seinem Hause. Signy, die nun den Vater gerächt sah, sprang zu ihrem Gemahl in die Flammen.

In dieser gewaltigen Sage begegnen uns drei Verwandlungen:

1) die der Mutter Siggeirs in eine Werwölfin ylgr, lupa, [1]) nicht, wie Raßmann thut, mit elgr Ellenthier zu verwechseln;

2) der Gestaltentausch zwischen Signy und dem Zauberweib, und

3) die Wolfsverwandlung der Helden.

Siggeirs Mutter erinnert an die indischen Rakschasis, an Grendels Mutter (brimvylf) im Beowulf. In den meisten Märchen und Sagen wird alten Königinnen Zauberkunde zugeschrieben. Als Gunnar im Schlangenthurm liegt und mit Harfenspiel die Giftwürmer alle in Schlaf gelullt hat, da schleicht Atlis alte Mutter in Natterngestalt herbei und gräbt sich in des Königs Herz. [2])

Auch der Gestaltentausch erinnert an indische Vorstellungen; doch scheint hier keine völlige Vertauschung der Leiber vor sich zu gehen, son= dern nur der äußern Erscheinung, denn die Schwangerschaft Signys geht beim Rücktausch nicht auf die Zauberin über, wie dieß nach indischen Sagen vorausgesetzt werden müßte. Dem Indischen näher steht der Ge= staltentausch Sigurds und Gunnars in den eddischen Heldenliedern (älter und echter als die durch die Tarnkappe vermittelte Beihülfe Siegfrieds zu Gunthers Erwerbung der Brunhild) wo es heißt:

Unterwegs wechselt ihr	Wuchs und Gestalt
Du und Gunnar. [3])	
Du hast nun Gunnars	Gang und Gestalt,
Hast eigene Rede	und eblen Sinn [4])
Wieder wechselt	ihr Wuchs und Gestalt
Daheim, nicht das Herz:	das behielt Jedweder. [5])

hyggja, von Simrock (Edda p. 154) ungenau mit Herz übersetzt, ist die

[1]) Sweinbjörn Egilsson, Lexicon Poëticum Antiquae linguae Septentrionalis Hafniae 1860, p. 900.

[2]) Oddrúnargrátr 32. S. das Lied von Gunnars Harfenschlag. Simrocks Edda, p. 427.

[3]) Sigurdharkvidha Fafnisbana I. 37.

[4]) A. a. O. 39.

[5]) A. a. O. 42. S. auch Skalda 62.

Seele, welche unverändert von einem Leib in den andern übergeht. Si= gurds muthige Seele vollbringt mit Gunnars Leib das nur ihr mögliche Heldenwerk, durchreitet die Wafurlogi, hält Hochzeit mit Brunhild, legt aber Nachts ein Schwert zwischen sich und die Braut des Freundes. Dieser Trug wird Sigurds und Brunhilds und ganzer Geschlechter Tod. [1])

Die Wolfsverwandlung wird dem Sinfjötli in jenem berühmten Heldenzank mit Gudmundr vorgeworfen:

Du hast im Walbe	mit Wölfen geschwelgt, —
Oft sogst du mit eisigem	Athem Wunden,
Bargst allverhaßt	dich im Gebüsch — —
Siggeirs Stiefsohn	lagst du unter Stauben,
An Wolfsgeheul gewöhnt	in den Wäldern draußen. [2])

Die verwandelnde Kraft liegt nach der Erzählung der Völsunga Saga einzig in den Hemden; diese zwingen ihren Träger, unter zehn Tagen neune Wolf zu sein; ihre Zerstörung hebt die Kraft auf und ist ohne

---

[1]) Der Anklang germanischer Sagen an altindische hat sich in dem abgelegenen Norden besonders rein erhalten. So kennt die Edda selbst eine Wiedergeburt, eine Wan= derung der Seele. Helgi Hjörvardhs Sohn und seine geliebte Walküre Svava werden wiedergeboren und heißen dann Helgi Hundingsbana und Sigrún: einer zweiten Wie= dergeburt erwähnt der Schluß der zweiten Helgakvidha Hundingsbana: „Es war Glaube in alter Zeit, daß Menschen wiedergeboren würden, aber das heißt nun alter Weiber Wahn. Von Helgi und Sigrun wird gesagt, daß sie wiedergeboren wären, er hieß da Helgi Haddingiaskadhi und sie Kára Halfdanar dottir, so wie gesungen ist in den Karaliedern, und sie war Walküre." — Sage und Lied konnten sich von diesen Lieblings= gestalten nicht trennen, und der Glaube an Wiedergeburt zeigte ihnen einen willkommenen Ausweg, die beiden Liebenden in neue Lebenssphären einzuführen.

Von der zum Selbstmord sich anschickenden Brunhild sagt Högni:

Verleid' ihr Niemand	den langen Gang,
Und werde sie nimmer	wiedergeboren!
Sie kam schon krank	vor die Kniee der Mutter.

Sigurdharkvidha III. 44. Simrock p. 183.

Weitere Stellen hat Maurer, Bekehrung des norwegischen Stamms II. p. 90. Anm. 93. — Starkadhr war schweigsam, aber die Berserkr nannten ihn einen wieder= gebornen Riesen (endrborinn jötun) und Ehrlosen. Gautreks Saga c. 7. Es schien ihnen Kolbein wiedergekommen und wiedergeboren, nach dem sie sich immer sehnten. Sturlunga Saga c. 42.

[2]) Helgakvidha Hundingsbana I. 36, 40. Simrock p. 132 f.

schlimme Folgen für die Besitzer. Außerdem liegt dieser Sage vorwiegend die alte Rechtsvorstellung von den geächteten Waldbewohnern zu Grunde, welche auch in der Sprache zum deutlichsten Ausdruck kam: der friedelose Mörder und Räuber hieß altnordisch vargr, Wolf; wer den Frieden des Tempels durch Gewaltthat brach, hieß vargr i veum, Wolf im Heiligthum. [1]

Räuber ist die Urbedeutung des Wortes Wolf, im Sanskrit vricas, varkas, litthauisch wilkas, russisch volk, serbisch vuk neben serb. slove-nisch vrag Bösewicht, böser Feind, böhmisch wrah Mörder, polnisch wrog Dämon, Teufel, [2] (griechisch λύκος durch Metathesis aus Fύλκος, άλκος, lat. lupus aus ulpus — ulcus. Bopp, Glossarium Sanscritum. Berol. 1847 p. 329) gothisch vulfs Wolf und vargs der Geächtete, der Frevler, launa-vargs der Dank-räuber, der Undankbare, gavargjan verdammen, var-githa Verdammniß; [3] althochdeutsch warg expulsus, warch im Muspilli Name des Antichrists; mittelhochdeutsch warc latro, nequam (Eneït. v. 1131), neben wolf; angelsächsisch vearh (Grendel heißt heorovearh, Beowulf v. 1267) neben vulf; altnordisch vargr (und ylgr) in beiden Bedeutungen: Wolf und Verbrecher neben úlfr, dem bloßen Namen des Thiers. [4] In der Lex Salica 58 heißt es wargus sit — hoc est expulsus de eodem pago; in der Lex ripuaria 85: wargus sit — hoc est expulsus. In alt-normanischen Gesetzen warqus esto; [5] wargus habeatur in den leges regis Henrici primi, Art. LXXXIII. §. 5. [6] Ein eigenthümlicher Ausdruck ist das angelsächsische vearges heáfod oder vulfes heáfod für exlex, extorris; in den Gesetzen Edwards des Bekenners Art. 7, §. 3 heißt es: Lupinum enim gerit caput, quod anglice wulfes heafod dicitur. [7] So noch in dem Chaucer fälschlich zugeschriebenen Tale of

---

[1] S. eine Stelle aus der Egils Saga bei Maurer, Bekehrung II. 207. — Ueber Friedlosigkeit f. Wilda, Strafrecht der Germanen, Halle 1842, p. 278.

[2] Grimm, Reinhart Fuchs XXXVII.

[3] Ulfilas von Maßmann, Stuttgart 1857, p. 757.

[4] Ueber die Benennungen des Wolfs f. Grimm, Geschichte der deutschen Sprache, Leipzig 1853, p. 233.

[5] Pluquet, Contes populaires, Rouen 1834, p. 15.

[6] Ancient Laws and Institutes of England. Lond. 1840, fol. p. 258.

[7] Schmid, die Gesetze der Angelsachsen, Leipzig 1832, I. 278. — Im Altsächsischen findet sich varagtreo für Galgen, Heliand ed. Schmeller p. 166, Z. 27.

Gamelyn, v. 1387: Whan that Gamelyn their lorde wolveshede was cried and made. [1]) Dieben und Räubern wurde am Galgen nach alter Sitte ein Wolf zur Seite aufgehängt. [2]) Die Geächteten, den Wölfen gleich recht= und friedelos, wurden auch unter sich in beständiger Unruhe und mißtrauischer Scheu erhalten, da ein Gesetz bestand, wornach sich ein Gebannter durch die Tödtung anderer Gebannter vom Fluche lösen konnte. [3])

Daß die von allem menschlichen Verkehr abgeschnittenen Waldflüch= tigen sich in Thierfelle kleideten, ist nahe liegend. Auf diese Tracht der Geächteten spielt Gro an im Saxo Grammaticus, [4]) als sie dem durch Thierhäute und Larve unkenntlichen Bessus begegnet und ihn für den ihr aufgebrungenen Riesenbräutigam hält.

Conspicor invisum regi venisse gigantem
Et gressu medias obtenebrare vias;
Aut oculis fallor, nam tegmine saepe ferino
Contigit audaces delituisse viros. [5])

Zu den hamrammir men, den Menschen, welche sich durch Ver= wandlung übernatürliche Kräfte aneignen, gehören auch die Berserker. Von König Harald Harfagr wird erzählt, daß er eine Schaar Berserker in seinem Gefolge hatte, welche ûlfhedhnar d. h. Wolfsgewandige hießen: „Dabei deutet," sagt Maurer, [6]) „die Sage freilich diese Beziehung dahin, als hätten jene Kämpfer Wolfspelze über ihren Panzern getragen; es ist indessen offenbar nur ein späteres Mißverständniß und war ursprünglich dabei sicher an Leute gedacht, welche ûlfahamir besitzen, also an Wer= wölfe." Diese Ansicht wird unterstützt durch die neuerdings von Sveinbjörn Egilsson aufgestellte Etymologie des Wortes berserkr, [7]) wornach das=

---

[1]) S. Grimm, deutsche Rechtsalterthümer, Göttingen 1854, p. 733 f.
[2]) S. die Stellen bei Grimm, Rechtsalterthümer, p. 685.
[3]) Grimm, a. a. O. 736.
[4]) Lib. I. ed. Müller I. 27.
[5]) Brynolf erinnert hiebei an das isländische Sprüchwort:
    Oft ero vaskar hendur undir vargs belgir.
    (Oft sind tapfere Hände unter Wolfsbälgen.) a. a. O.
[6]) Bekehrung II. 109.
[7]) Lexicon Poeticum Antiquae Linguae Septentrionalis, Hafniae 1860, v. berserkr.

felbe einen Mann bezeichnet, ber ein Bärenhemb (berr Bär, serkr Hemb), ein bjarnahamr befitzt und dadurch in der Verwandlung Bärenstärke bekommt. [1]) Zum Unterschied von diesen Bärenhelden hatten nun die wilden Kämpfer Haralds Wolfshäute und Wolfskühnheit. [2]) Weitere Belege siehe bei Maurer a. a. O. II. 108 ff. und die Geschichte des Ulfr Bjalfason, des Abendwolfs, ebend. 105.

Auch die Berserker waren später Geächtete ihrer ungeheuerlichen Rohheit und Wildheit wegen und lebten in den menschengemiedenen Forsten.

In einer altdänischen Ballade [3]) begegnet eine durch den Rosenwald (rosenslund) reitende Frau — liden Kierstenn — einem Grauwolf und redet ihn bittend an:

»Mynn kerre vlleff, bid icke meg:
mytt röde guld-boond thett giffuer ieg dieg.«

Und der Wolf erwidert:

»»Meg er icke om thitt guold-bond:
ieg thager langtt helder din huide hand.«« —

»Minn kerre vleff, bid icke meg:
myn söleff-slaffuen knyff saa giffuer ieg deg.«

---

[1]) Ueber Bärmenschen s. Grimm deutsche Mythol. 1051. Praetorius, Anthropodemus Plutonicus, Magdeburg 1666, II. 266. Von einer Bärverwandlung erzählt die Hrolfs Saga Kraka: Björn, Sohn des Königs Hring von Upland, wird von seiner Stiefmutter, deren Liebe er verschmäht hat, in einen Bären verwandelt; seiner Geliebten Bera begegnet er im Walde und sie erkennt ihn am Auge, folgt ihm in seine Höhle, wo er auf kurze Zeit seine Bärenhaut ablegen kann, und lebt mit ihm. Endlich wird er von seinem eigenen Vater erlegt und Bera von der Stiefmutter gezwungen, einen Biffen von seinem Fleisch zu essen, einen zweiten, der ihr in den Mund gesteckt wurde, spuckt sie wieder aus; darauf gebiert sie drei Söhne, der älteste ist thierisch und wild, der zweite ist milder, hat aber einen Hundsfuß, der dritte ist ein vollkommener Mensch. — W. Scott, Minstrelsy of the Scottisch Border, Edinburgh 1806, III. 33. Die Sage von dem schwedischen Bären, der Stammvater eines dänischen Königsgeschlectes wurde s. Afzelius — Ungewitter II. 180. Die altdänische Ballade: Dalby-Bär, wo ein Königssohn dadurch zum Bären wird, daß ihm seine Stiefmutter ein Eisenband um den Hals legt, s. W. Grimm, altdänische Heldenlieder, Heidelberg 1811, p. 300.

[2]) Der Wolf in alten Wappen und Helmzeichen mag sich u. A. auf das Vermögen der Helden, sich in Wölfe zu verwandeln, beziehen. Grimm, d. M. 363.

[3]) Svend Grundtvig, Danmarks Gamle Folkevíser, Kjöbenhavn, 1856, II. p. 152 ff.

»»Meg er icke om dynn söleff-slaffuen knyff:
ieg tager langtt helder ditt vnge lyff.««

»Myn kerre vlff, bid icke meg:
min silcke-liend saa giffuer ieg deg.« —

»»Meg er icke om dynn silcke-liend:
ieg komer snartt sieldenn y kirken ind.««

Endlich läßt sie der Wolf ziehen, schwört ihr aber, daß er sie finden
werde, wenn sie mit dem neunten Kinde gehe. — Und so geschah's; in
ihrer neunten Schwangerschaft ritt sie eines Tags zur Kirche, da stellte sich
ihr im Rosenwald der alte Wolf entgegen. Sie flüchtete sich auf einen
Lindenbaum, der Wolf aber grub des Baumes Wurzel aus. Andere Wölfe
kamen ihm zu Hülfe und rissen der Frau den Leib an der Seite auf. Ihr
Geschrei hörte Herr Peter, ihr Gemahl, in seinem Gehöfte und ritt ihr
nach, so schnell als Vögel fliegen. Doch als er in den Rosenwald
kam, da begegnete ihm ein Wolf mit einem Kind im Rachen. Von seiner
Frau aber fand er nichts als die rechte Hand und den linken Fuß, als
ein Seidenhemd und eine blutige Haube.

Hand fand icke vd-aff syn wene frw,
vden hyger hand och winster fuod.

Hand fand icke vd-aff syn wene wyff,
vden silcke-serk och blodig huyy.

Da stürzte sich Herr Peter vor Jammer in sein eigenes Schwert. [1]

---

[1] In zwei neueren Copien der dänischen Ballade ist Klein-Christel noch nicht Herrn
Peters Frau; der Grauwolf zerreißt sie gleich bei der ersten Begegnung; von ihrer
Schwangerschaft ist nichts gesagt, aber der Vers:

Och der hand kom udi rosens-lund,
der möder hannem ulffuen med barnet i mund,

ist geblieben. Herr Peter findet von ihr in dem einen Lied nur die linke Hand, im
andern eine goldene Locke und eine bleiche Wange. — Das Lied existirt auch in Schweden und wurde in der Waldgegend des nördlichen Westgothlands von Afzelius nieder-
geschrieben; die Liebenden sind Jungfrau und Jüngling, das Umwühlen des Baums hat
sich erhalten, von einem Kind ist keine Rede. S. schwedische Volkslieder der Vorzeit,
aus der Sammlung von Geyer und Afzelius, übertragen von Warrens, Leipzig 1857,
p. 144. — Aehnlichkeit mit der Erzählung von Pyramus und Thisbe und einer hol-
steinischen Sage bei Müllenhoff, Sagen der Herzogthümer Schleswig-Holstein, Kiel 1845,
p. 83: Steinkreuz.

Grundtvig hat diese Ballade Varulven (der Werwolf) überschrieben und mit Recht, denn auf ein Zauberwesen deutet außer der menschlichen Rede, welche ebensowohl der Thierfabel eigen ist, das Umwühlen des Lindenbaums und das Davontragen des ungeborenen, dem Mutterleib entrissenen Kindes. Ungeborenen Kindern nämlich wurde von Hexen, Räubern und Schatz= gräbern begierig nachgetrachtet, da mit ihnen mancherlei Zauber zu trei= ben war. Die Finger solcher Kinder, glaubte man, brennen wie Kerzen und halten so alle Leute des Hauses im Schlaf; [1] drei Herzen ungebo= rener Kinder verleihen ihrem Besitzer die Gabe, Allen obzusiegen, sich unsichtbar zu machen, große Reichthümer zu erwerben und allerlei Wun= der zu thun. S. Reinhold Köhler, das Lied von der verkauften Müllerin, Wolfs Zeitschrift für deutsche Mythologie, IV. p. 180 ff., wo mehrere hingerichtete Mörder aufgezählt werden, welche schwangere Weiber auf= schnitten, um in den Besitz der unreifen Frucht zu gelangen. [2] Zu be= merken ist noch, daß nach dem Glauben der Lappländer die Wölfe vom Geruch eingenommen besonders hochschwangeren Frauen nachstellen. [3]

Bis in die neuesten Zeiten hat sich der Werwolfglaube im Norden erhalten; besonders wird die Zauberkraft der Verwandlung den Finnen, Lappen und Russen zugeschrieben, so daß, als im letzten Krieg mit Rußland die Landeshauptmannschaft Calmar von Wölfen fast überschwemmt wurde, die Sage gieng, die Russen hätten die schwedischen Kriegsgefan= genen in Wölfe verwandelt und sie heimgeschickt, um dem Land zur Plage zu werden. — Es wird auch von einem Soldaten im Calmarschen Re= giment erzählt, er sei in einen Wolf verwandelt worden, sei über die Alandsinseln aus Finnland herübergekommen und dann nach Smaland gelaufen, wohin ihn die Sehnsucht getrieben, um seine Heimat und seine Frau und Kinder wieder zu sehen. Aber ein Jäger schoß ihn und brachte

---

[1] Grimm, d. M. 1027.

[2] Endter, Meister Frantzen nachrichters alhier in Nürnberg all sein richten am leben, sowohl seine leibsstraffen, so er verricht, alles hierin ordentlich beschrieben, aus seinem selbst eigenen Buch abgeschrieben worden. Nürnberg 1801 s. Jahr 1577 u. 1601.

[3] Olaus Magnus, Historia de gentibus septentrionalibus, Romae 1555, L. XVIII. c. 13. — Lauben, Dialogi p. 175. — Man beachte auch, daß es das neunte Kind ist, das hier, wie in zahlreichen andern Sagen, dämonischen Mächten verfallen ist.

ben getödteten Wolf nach dem Dorfe. Als die Haut abgezogen wurde, erkannte, so wird hinzugesetzt, die Frau das Hemd wieder, das sie ihrem Manne genäht hatte, als er zu Felde zog. — Als einst ein Bräutigam mit seinen Brautknechten durch den Wald ritt, wurde er und seine Begleiter von bösen Geistern in Werwölfe verwandelt. Mehrere Jahre verflossen, da gieng die verlassene Braut einmal im Walde und rief im Kummer ihres Geliebten gedenkend laut dessen Namen. Da erschien er plötzlich in seiner Menschengestalt und stürzte in ihre Arme: „die Kraft des christlichen Taufnamens" hatte den Zauber gebrochen. [1] — Eigenthümlich ist der dänische Aberglaube, wonach eine Braut, die sich eines bestimmten Zaubers bedient, um leicht zu gebären, Knaben zur Welt bringt, die Werwölfe, Mädchen, die Nachtmahren werden. [2]

In Norwegen scheint der Ausbruck Werwolf verallgemeinert und auf jeden in Thiergestalt sich hüllenden Menschen angewandt worden zu sein. So wird in einer norwegischen Sage ein zum Bären gewordener Mensch varulf genannt. [3] Der Wolf repräsentiert hier somit das wilde Thier überhaupt. [4]

Die den Liefländern und Ehsten benachbarten Inselschweden auf Oesel, Dagö, Runö, Worms ꝛc. sprechen gleichfalls von Menschenwölfen, folkwargar, behaupten aber gewöhnlich, daß dergleichen hier wenigstens unter Schweden nicht vorkomme. Sie haben ein besonderes Wort für Werwölfin — wargkelng (Wolfweib, altn. kerling altes Weib). [5]

---

[1] Afzelius — Ungewitter II. 361 f. Webberkop, Bilder aus dem Norden, Oldenburg 1844, II. 206. Menzels Literaturblatt 1845, Nr. 18, p. 71.

[2] Grimm, deutsche Mythologie 1050, Grimm erwähnt a. a. O. 1105 den deutschen Aberglauben, daß von sieben in einer Ehe hinter einander gebornen Mädchen eins ein Werwolf werden soll. Panzer, Beitrag zur deutschen Mythologie, München 1848, Bd. I. p. 337.

[3] Faye, Norske-Folge-Saga, Christiania 1844, p. 78. — In Fornaldar sögur I. 50 wird Jemand durch Schlagen mit einem úlfhandska, einem Wolfshaubschuh, in einen Bären verwandelt. Grimm, d. M. 1232. — In der Oervarobbs-Saga träumt Gudmund von einem Eisbären und man vermuthet, daß dieß der Schutzgeist seines Vetters Obb gewesen sei, der einen úlfshugr, animum lupinum, gegen ihn trage. Erici Observationum Specimen, Hafniae 1769, p. 164.

[4] Dieser Ansicht ist auch Hanusch, Wolfs Zeitschr. f. d. M. IV. 194.

[5] Eibofolke oder die Schweden an den Küsten Ehstlands und auf Runö v. Rußwurm, Reval 1855, II. 204 ff.

Unter Newe wohnt ein solches Weib, sie wälzt sich am Boden und steht als Wolf wieder auf; dann fährt sie unter die Heerde, sucht sich ein fettes Schaf oder gutes Lamm aus und schleppt es nach Hause, wo sie es verzehrt. Auf dem Boden hat sie eine Menge Schaf= und Bocksfelle. Einst bemerkte ihr Bruder, der einige hundert Schritte von ihr entfernt wohnt, einen Wolf, der eben ein Schaf im Rachen hielt, gieng in's Haus, um seine Flinte zu holen, und suchte ihn, aber umsonst. Gleich nachher kam er zu seiner Schwester und sah, daß sie das geraubte Schaf todt in den Händen hatte. Er setzte ihr hart zu, bis sie endlich ihre Uebelthat gestand und versprach, es nicht wieder zu thun. — Auf Dagö soll ein Knabe sein, der sich jeden Sommer in einen Wolf verwandelt, und in Arensberg wurde vor einigen Jahren ein Weib vor dem Consistorio verklagt, weil es Monate lang in den Wäldern als Wolf herumlaufe. — In Reval gerieth ein Kaufmann beim Salzverkauf mit einem Bauern in Streit und wurde von diesem in einen Wolf verwandelt. Nach zwei Jahren gieng ein ehstnischer Bauer mit seiner Frau auf den Heuschlag zu mähen, und sie setzten sich Mittags zum Essen. Da erschien in der Nähe ein Wolf, der gar nicht böse, sondern sehr traurig aussah, sich langsam und demüthig näherte und lüstern nach den Speisen sah. Die Frau sagte: „Sieh, wie das Waldthier (mets-ellajas) so traurig uns ansieht! Gieb ihm doch ein Stück Brot!" Der Bauer steckte ein Stück Brot auf die Spitze seines Messers und reichte es dem Wolfe, der es gierig packte und zugleich mit dem Messer dem Bauern aus der Hand riß, worauf er sich eilig in den Wald entfernte. Dort fraß er das Brot und wurde auf der Stelle wieder zum Menschen, denn er war so verzaubert, daß ein Stück Brot, welches ihm ein Mensch aus Mitleid reiche, ihm die menschliche Gestalt wieder verschaffen sollte. Später erkannte er mit Hülfe des Messers seinen Wohlthäter und belohnte ihn reichlich. — Eine Hochzeitgesellschaft in Nucko (?) wurde auf dem Rückwege von der Kirche sammt und sonders wegen ihrer Sünden in Wölfe verwandelt; nur Kugeln mit silbernen Kreuzen konnten ihren Pelz durchbohren: nach Einigen wurden sie dadurch getödtet und man konnte noch an ihren Füßen die rothen Wadenstrümpfe (suck-lägjar) unterscheiden, nach Andern wurden sie dadurch wieder zu Menschen. — Bei einer ähn=

lichen Gelegenheit wurden nur Bräutigam und Braut verwandelt, und man erkannte den erstern nachher an einem weißen Ringe um den Hals, dem Halstuche. — Ein Gutsbesitzer in Ehstland gieng einmal zwei Dre= schern nach, die ihm Korn gestohlen hatten; da lief ein Wolf über den Weg, und einer der Diebe redet ihn an mit den Worten: „Wohin gehst du?" Der Gutsherr, der den Redenden jetzt an der Stimme deutlich er= kannte, gieng nach Hause und ließ ihn am andern Morgen vor sich kommen. Jener läugnete. Der Herr aber fragte: „Begegnete dir nicht gestern auf dem Wege ein Wolf? Was sagtest du zu ihm?" — Erschreckt fiel der Dieb augenblicklich auf die Knie und gestand, verbreitete aber nachher das Gerücht, der Herr gehe Nachts als Werwolf um.

Merkwürdig ist die Sage, daß die Wölfe die natürlichen Feinde der Wiedergänger (der aus dem Grabe wiederkehrenden Todten) sind und sie zerreißen, wo sie dieselben nur finden.[1] Erscheinen sie hier als Wächter der Unterwelt, welche die Rückkehr der Todten zu verhindern haben, oder liegt der Sage, wie Rußwurm vermuthet,[2] eine dunkle Erinnerung an den Fenriswolf, der die Seelen verschlingt, oder an die Wölfe Odins zu Grunde?

Bei den Angelsachsen finden wir das Wort werewulf für den Teufel gebraucht; in Nro. 26 der Gesetze König Knuts heißt es: Thonne moton tha hyrdas beon swydhe wacore and geornlice clypi- gende, the widh thonne theodsceadhan folce sceolan scyldan, thaet syndon biscopas and maessepreostas, the godcunde heorda bewarian and bewerian sceolan mid wislican laran, thaet se wodfreca werewulf to swidhe ne slyte ne to fela ne abite of godcundre heorde.[3]

Auch im Altenglischen und Altschottischen begegnet uns der Werwolf da und dort in Gesellschaft thierischer Ungeheuer. Gervasius von Tilbury sagt in der schon beigezogenen Stelle: Vidimus frequenter in Anglia per lunationes homines in lupos mutari, quod hominum

---

[1] Rußwurm, a. a. O. II. 201, 264.
[2] Ebendas. 264.
[3] Schmid, Gesetze der Angelsachsen, Leipzig 1832, Thl. I. p. 148.

genus gerulfos Galli nominant, Anglici vero werewlf dicunt. [1]

Im Philotus heißt es:

> Throw power I charge the of the Paip,
> Thow neyther girne, gowl, glowme, nor gaip,
> Lyke anker saidell, lyke unsell aip
>   Lyke owle nor alrische elfe:
> Lyke fyrie dragon full of feir,
> Lyke warwolf, lyon, bull nor beir,
> Bot pass thow hence as thow come heir.
>   In lykenes of thy selfe. [2]

ferner in Kennedie, Evergreen II. 61:

> Wod Werwouf, worm and scorpion vennemous,
> Lucifer's laid, and foul feynds face infernal.

In Montgomerie, Watson's Collection III. 16:

> With warwolfis and wild cats thy weird be to wander,
> Dragleit through dirty dubs and dykes
> Tousled and tuggled with town tykes. [3]

In der schottischen Ballade Kempion zählt der Werwolf unter die zaubermächtigen Wesen:

> O was it warwolf in the wood?
> Or was it mermaid in the sea?
> Or was it man or vile woman,
> My ain true love, that misshaped thee? [4]

In bem altenglischen Gedicht Piers Ploughmans Crede ist folgende Stelle:

> Christ seyde hymself: »of swiche I you warne,«
> And false profetes in the feith he fulliche hem calde —
> In vestimentis ovium, — but only withinne
> They ben wilde werwolves, that wiln the folke robben. [5]

---

[1] Otia Imperialia, herausgegeben von F. Liebrecht, Hannover 1856, p. 4.

[2] Pinkerton, Scotish Poems, Reprinted, Lond. 1792. III. p. 46.

[3] Jamieson, Etymological Dictionary of the Scotish language, Edinb. 1841, II. v. warwolf.

[4] W. Scott, Minstrelsy of the Scottish Border, Edinb. 1806, III. p. 29.

[5] The Vision and Creed of Piers Ploughman, ed. by Th. Wright, Lond. 1856, II. p. 478.

Von den Schicksalen eines verzauberten Werwolfs handelt ein großes, aus dem Französischen übertragenes, altenglisches Gedicht: William and the Werwolf, das ich seiner Unzugänglichkeit halber eingehender ana=lysieren will. Es findet sich in einem Ms. der Bibliothek des Kings College in Cambridge; Hartshorne gab ein Stück davon in seinen Ancient metrical tales, London 1829. 8. p. 256—87, aber in einer sehr nachlässigen Abschrift. Eine treffliche Ausgabe veranstaltete Sir Frederick Madden unter dem Titel: The ancient English Romance of William and the Werwolf, edited with an introduction and glossary by Fr. Madden, Lond. 1832. 4. Roxburghe Cub. [1]) — Die Person des Verfassers ist unbekannt; doch haben wir von ihm selbst die Angabe, daß das Gedicht auf Befehl Humphreys von Bohun, Grafen von Hereford († 1361), aus dem Französischen übertragen wurde. [2]) Der Inhalt ist folgender: Der König Ebron von Sicilien hatte von seiner Gemahlin Felice, der Tochter des griechischen Kaisers, einen Sohn, der Wilhelm getauft wurde. Zwei kluge Frauen, Gloriante und Esglantine, wachten über seine Erziehung. Des Königs Bruder jedoch, der sich durch des Kindes Geburt den Weg zur Thronfolge versperrt sah, gewann die beiden Frauen und verabredete mit ihnen, den König mit seinem jungen Sohn um's Leben zu bringen. Da wurde aber eines Tages das Kind von einem Wolfe geraubt, der mit ihm über's Meer schwamm und in einem Wald bei Rom seinen Wohnsitz nahm. Weit entfernt, den Knaben zu verletzen, pflegte er ihn mit mütterlicher Zärtlichkeit. Denn dieser

---

[1]) Angeführt wird das Gedicht in Warton, History of English Poetry, London 1840, I. p. 38 Note. — Von Weber, Metric Romances, Edinb. 1810, I. LXVIII. — Jacob Bryant citiert es in seinen Observations, Lond. 1781 p. 14, jedoch mit sehr geringem Verständniß.

[2]) Das Original ist ein altfranzösisches Gedicht (nach Madden aus dem 12. Jahr=hundert): Le Roman de Guillaume de Palerne, von dem noch eine Copie in der Bibliothèque de l'Arsenal zu Paris erhalten ist. Im 16. Jahrhundert erschienen mehrere Ausgaben der Geschichte in französischer Prosa. Eine derselben befindet sich im British Museum zu London und hat folgenden Titel: L'Histoire du noble preux et vaillant Chevalier Guillaume de Palerne et de la belle Melior; lequel Guillaume de Palerne fut fils du Roy de Cecille et par fortune et merveilleuse adventure deuint vacher. Et finablement fut Empereur de Rome sous la conduicte d'un Loup garou fils au Roy d'Espaigne. Rouen, 4. — ohne Jahreszahl.

Wolf war ein Werwolf, der Sohn des Königs von Spanien, den seine Stiefmutter, die Königstochter von Portugal, durch Zauberkünste in diese wilde Gestalt verwandelt hatte und der die Absichten der Verschworenen durchschauend das Kind durch Entführung zu retten sich entschlossen hatte. Als er einst der Höhle fern war, fand ein Kuhhirt das Kind und brachte es seiner Frau nach Hause, die es mitleidig aufnahm. Dort wuchs der Knabe heran, beständig von dem Wolfe überwacht, bis einmal der Kaiser in jener Gegend jagte, den Knaben bei der Heerde sah und ihn betroffen von seiner Schönheit mit in sein Schloß nahm, wo derselbe Spielgenosse der lieblichen Prinzessin Melior wurde. Aus der Kinderfreundschaft erwuchs mit den Jahren heimlich sehnsüchtige Liebe, welche dem jungen Paar nach langen Seelenkämpfen des höchsten Glückes Vollgenügen schenkte. Da kam plötzlich eine Werbung vom Kaiser von Griechenland, der für seinen Sohn die schöne Melior begehrte. Freudig gab der römische Kaiser seine Zustimmung, und die Hochzeit wurde auf Mittsommer festgesetzt. Die Liebenden waren in schlimmer Herzensnoth, aber sie gelobten sich, nicht von einander zu weichen, und am Vorabend vor dem Hochzeitfest, da der griechische Kaiser mit seinem Sohne bereits angelangt war, beschlossen sie zu entfliehen. Die Zofe und Vertraute des Fräuleins, Alexandrine, kam nach langer Berathung auf den Einfall, die Beiden in die Felle zweier weißen Bären zu nähen. In dieser Verkleidung entkamen sie durch den Garten, von Niemand bemerkt außer einem spät lustwandelnden Griechen, der aber entsetzt vor den Ungethümen davonlief; so gewannen sie den Wald und schritten darin aufrecht die ganze Nacht weiter; als der Tag graute, legten sie sich im Dickicht zur Ruhe und entschliefen, eins in des andern Armen. In Rom aber entstand ein gewaltiger Tumult, als die Flucht der Beiden ruchbar wurde, und der Kaiser ließ im ganzen Land den Befehl verkünden, auf die weißen Bären Jagd zu machen. Diese fühlten unterdessen großen Hunger und waren rathlos, wie sie sich Nahrung verschaffen sollten. Da erschien Wilhelms alter Beschützer, der Werwolf, brachte ihnen Speis und Trank aller Art und geleitete sie auf ihrer mühseligen Wanderung. [1]) Oft waren dieselben in Gefahr, den Jägern

---

[1]) Dieß erinnert an die helfenden Thiere im Märchen. In dem schönen walachi-

in die Hände zu fallen; aber der Werwolf wußte jedesmal die Verfolgung
von ihnen auf sich abzuwenden. Da die Bärenfelle ihnen zu wenig Schutz
gewährten, hüllten sie sich in die Häute eines Hirsches und einer Hindin,
kamen mit des Werwolfs Hülfe zu Schiffe über das Meer und erreichten
Sicilien. Dort war eben Krieg und große Betrübniß; überall, wo sie
hinkamen, fanden sie verödete Felder und verbrannte Dörfer. Der König
von Spanien war in's Land gefallen, weil Florence, die Tochter der
Königin von Palermo, die Werbung seines Sohnes ausgeschlagen hatte.
Die Liebenden wurden von der Königin, welche durch einen Traum ihre
Ankunft erfahren hatte, freundlich aufgenommen. Wilhelm ordnete ihre
Ritter, schlug alle gegen ihn ausgesandten Heere der Spanier und brachte
den König selbst mit seinem Sohne gefangen auf's Schloß, wo sie von
der überglücklichen Königin mit Auszeichnung behandelt wurden. Als aber
der Werwolf, der täglich unbehindert auf's Schloß kam, den König von
Spanien erblickte, eilte er mit Liebkosungen auf ihn zu und bezeugte eine
außerordentliche Freude, daß Alle sich verwunderten. Der König wurde
nachdenklich und erzählte, daß ihm einst sein Erstgeborner durch Verwand=
lung in einen Wolf entrissen worden sei, und daß er seine zweite Ge=
mahlin im Verdacht der Zauberei habe. Wilhelm veranlaßte ihn, dieselbe
herbeiholen zu lassen. Als der Wolf sie erblickte, war er vor Wuth kaum
zu bändigen. Die Königin gestand ihre Schuld und erbot sich, den Prinzen
wieder zu entzaubern. Sie gieng mit ihm allein in ein Gemach, band
ihm einen zauberzerstörenden Ring an einem rothen Seidenfaden um den
Hals und las aus einem Buche mächtige Sprüche; — die Wolfshaut

---

schen Märchen: Das goldene Meermädchen hilft der Wolf (Schott, walachische Mär=
chen, Stuttg. und Tüb. 1845, p. 253 ff.); ganz ähnlich ist das russische Märchen vom
fliegenden Wolf, Dietrich, russische Volksmärchen, Leipz. 1831, Nr. 1. Sonst ist bei
den Walachen das redende hülfreiche Thier vorzugsweise das Roß, Schott a. a. O.
p. 171: Die Kaiserstochter und das Füllen und Nr. 184: Juliana Koseschana. In
der Bukowina ist es der krumme Wolf, Wolf Zeitschr. f. deutsche Mythol. II. 389. S.
auch Strapparola, Piacevoli notti Nr. III. f. 3. Im deutschen Märchen vom goldenen
Vogel (Grimm, Kinder= und Hausmärchen, Gött. 1857, Nr. 57) hilft der Fuchs,
ebenso in dem niederländischen Roman van Walewein von Perninc, Geschiedenis der
middennederlandsche Dichtkunst v. Jonckbloet, Amsterdam 1851, II. p. 79 ff.
Pfeiffers Germania, Stuttg. 1856, I. p. 489 u. s. w.

fiel ab, und Prinz Alphons stand nackt in jugendlicher Mannheit vor ihr. Wilhelm eilte mit den Frauen herbei; der Prinz wurde prächtig bekleidet und seinem glücklichen Vater zugeführt. Um das Maß der Freude voll zu machen, eröffnete Alphons der Königin von Palermo, daß Wilhelm ihr Sohn sei, den er in Wolfsgestalt geraubt habe, um ihn vor den Nach= stellungen seines Oheims und der beiden Wärterinnen zu schützen. Das Gedicht schließt unter dem Freudenlärm eines dreifachen · Hochzeitfestes. Später wurde Wilhelm Kaiser von Rom und der entzauberte Werwolf König von Spanien.

In alt= und mittelniederländischen Quellen kommt das Wort werewulf nicht vor; die Sage hat sich jedoch bis in unsere Zeiten erhalten. Von der Hinrichtung zweier Werwölfe in Lüttich i. J. 1610 wird berichtet, dieselben hätten eingestandenermaßen in Wolfsgestalt beson= ders viele Kinder getödtet; bei ihnen war ein Knabe, der sich in einen Raben verwandelte, so oft sie den Raub zerfleischten. ¹) Hier haben wir die beiden Lieblingsthiere Wodans in Gemeinschaft.

In Lansens Vlämischen Sagen und Gebräuchen ²) wird von einem Schäfer erzählt, der vom Teufel ein Wolfsfell bekommen hatte mit der Verpflichtung, Nachts als Werwolf umherzuschweifen und die Leute zu erschrecken. Bald wurde er jedoch des nächtlichen Umgehens müde; es gab aber nur ein Mittel, die Haut los zu werden, und das war, sie zu verbrennen; dabei sollte der Eigenthümer die Feuerpein fühlen, als ob er das brennende Fell am Leibe hätte. Sein Dienstherr sandte ihn nun eines Tages nach der Stadt Yper, und als er dachte, der Schäfer werde dort angekommen sein, zog er das Wolfsfell aus dem hohlen Weidenbaum, wo es versteckt lag, und warf es in seinen brennenden Ofen. Im selben Augenblick begann der Schäfer Brandqualen zu fühlen und lief heulend wieder nach Hause; dort kam er eben an, als das Fell völlig verbrannt war, und nun war auch seine Pein zu Ende; hy was zootanig verblyd

---

¹) Nic. Remigii Dämonolatria, Francof. 1598, p. 263. Gockel, Tractatus Polyhistoricus, Frankf. und Leipz. 1717. — Lauben, Dialogi p. 24. — Dobeneck, des deutschen Mittelalters Volksglauben, Berlin 1815, II. 175. Grimm, deutsche Sagen, I. p. 294.

²) Wolf, Zeitschr. f. d. M. III. 170.

dat hy van zyn vel verlost was, dat hy zijnen meester wel duizend-
mael bedankte, zoo veel te meer dat hy met den duivel geene affai-
rens meer had en bij nachte gerust mogt slapen. — Eine ähnliche
Geschichte erzählt Wolf, Niederländische Sagen, Leipz. 1843, Nr. 503:
Der Knecht wird von Doel nach St. Nikolas (fünf Meilen) geschickt,
der Pächter zieht das Fell aus einem Holzhaufen und wirft es in den
Ofen; da wird der Knecht plötzlich in die Kammer versetzt und heult
vor dem Ofen, bis sein Fell zu Pulver gebrannt ist, dann ist er erlöst.
— Weitere Sagen erzählen von einem Jungen, der mit der Sichel einem
Wolf die Pfote abhieb, die zur Menschenhand wurde; am andern Tag
hörte man, daß einem alten Weib, die schon längst in bösem Ruf stand,
eine Hand abgehauen sei; [1] — von einem Mann, der einen Wolf mit
einem Pfeil in die Seite schoß, worauf der Knecht des Bürgermeisters
mit einem Schuß in der Seite bettlägerig wurde und sterbend bekannte,
der Wolf gewesen zu sein. [2] — Von einem Jäger, der einem Wolf mehrere Stiche in den Bauch versetzte und seiner Blutspur folgend zum Walde
hinaus in eine kleine Hütte kam, wo eine Frau eben beschäftigt war,
ihrem Mann eine schwere Seitenwunde zu verbinden; der Mann wurde
eingezogen und gestand auf der Folter, daß er sich mittelst einer Salbe
oftmals zum Wolf gemacht habe; er wurde hingerichtet. [3] — Ein Flachs-
hechler kam mit seinem Knecht auf einen Hof und bat den Pachter, Nachts
die Thüre nur angelehnt zu lassen, damit sein Knecht, der zwar ein guter
Arbeiter, aber ein Werwolf sei, aus- und einkönne. Die andern Knechte
und Mägde jedoch hielten das Thor zwei Nächte verschlossen; in der dritten
wurde der Hechelknecht von großer Unruhe befallen und sagte, man müsse
das Thor öffnen; die andern aber lachten ihn aus, da rief er um elf
Uhr: „Wenn ihr mir nicht öffnet, so banne ich euch den Teufel in den
Leib!“ Doch das Thor blieb verschlossen; nun lief der Knecht aus der
Kammer auf den Boden, wo er schlief, und als die Anderen später nach

---

[1] Wolf, niederländische Sagen Nr. 242.
[2] Wolf a. a. O. Nr. 243.
[3] Leonard Vair, Trois livres des charmes, sorcelages ou enchantements,
Paris 1583, 8. p. 387. Wolf, niederländische Sagen Nr. 501. Die Geschichte stand
auf einem Pergament, das an der Jakobinerkirche einer Stadt in Burgund angeschlagen war.

ihm sahen, fanden sie, daß er sich an den Leintüchern durchs Fenster her=
untergelassen hatte. Er kam auch nicht wieder. Aber in der folgenden
Nacht rasselte es schrecklich um den Hof herum, und man fand im feuch=
ten Boden Spuren wie von einem großen Hunde. Am zweiten Abend
klopfte es an ein Fenster im ersten Stock und der Pachter sah einen Wolf
so groß wie das größte Pferd, der mit den Vorderfüßen auf dem Fenster
stand. Seitdem hörte man nichts mehr von dem Werwolf, aber den Hof
traf Unglück über Unglück. [1]

In Deutschland selbst fehlen uns ältere Quellen für unsere Sage.
Grimm[2] findet das Wort zuerst bei Burkhard von Worms (um's Jahr
1000); dort heißt es von den Parcen (Nornen), daß man glaube, sie kön=
nen einen Menschen bei der Geburt designare ad hoc quod velint, ut
quandocunque homo ille voluerit in lupum transformari possit, quod
vulgaris stultitia werwolf vocat, aut in aliam aliquam figuram. [3]
Geiler von Kaisersberg erwähnt den Werwolf in seiner Emeis: Am drit=
ten Sonntag der Fasten Occuli predigt der Doctor von den werwölffen.
„Was wiltu vns von den werwölffen sagen? seind also werwölf, dy
in die dörffer lauffen vnd kind vnd menschen essen, als man etwan
daruon sagt, das sie also mit verhengtem zaum die menschen sche-
digen vnd heissen berwölff oder werwölff? Du weist mee daruon
den ich" u. s. w. [4] — Der Sache selbst gedenkt schon Bonifacius in
einem Tauffermon, wo er verbietet Veneficia, Incantationes et Sortilegos
exquirere, Strigas et fictos lupos credere. [5]

Im fünfzehnten Jahrhundert erhob sich ein großer Streit über die
Wirklichkeit der Verwandlungssage und dauerte durch die nächsten zwei

---

[1] Wolf, Niederländische Sagen Nr. 502.

[2] Deutsche Mythol. 1048, goth. vairavulfs? bei mittelhochdeutschen Dichtern kein
werwolf.

[3] Ed. Coloniae, 1548, p. 198. Mannhardt, germanische Mythen, Berlin 1858,
p. 631.

[4] Vom Werwolf der alten Sage ist hier jedoch nicht die Rede. S. Stöber, zur
Geschichte des Volksaberglaubens im 16. Jahrhundert. Basel 1856, p. 31.

[5] S. Falkenstein, Antiquitates et Memorabilia Nordgaviae veteris, nordgauische
Alterthümer, Schwabach 1734, fol. T. I. p. 243. — Grimm, d. M. p. 1048.

Jahrhunderte eifrig fort. Wir finden hier den Werwolf in Gesellschaft der Hexen; doch kam er in Deutschland wenig vor Gericht. [1]) Und dennoch ist der Wolf vorzugsweise das Thier, in welches zauberkundige Männer sich verwandeln; aber die Zauberfrauen überwogen an Zahl und obgleich wir im Gegensatz zum Alterthum auch weibliche Werwölfe haben, wählt die Hexe doch lieber ein anderes Thier für ihre Verwand= lung, vorzüglich die Katze. Diese ist Freyjas heiliges Thier, der großen Hexenmutter. Die Sagen von diesen Katzenverwandlungen sind den Wer= wolfssagen völlig analog; [2]) ich will der Vergleichung halber eine Anzahl vorführen:

Einer Frau stiehlt eine Katze die Kuchen aus der Pfanne; die Frau wirft ein Messer über das Thier und ihre Nachbarin steht splitternackt vor ihr und bittet sie, das Messer noch einmal über sie zu werfen, dann wollte sie die Kuchen zurückgeben. Die Frau thut dieß und sofort springt jene wieder als Katze davon. [3]) — In einer Mühle war es nicht geheuer, so daß es kein Mahlknecht aushalten konnte und der Müller in Noth kam. Da meldete sich ein neuer Knecht, der den Spuck auszutreiben ge= willt war; dieser stellte eine Art an sein Bette; um zwölf Uhr sprang eine große Katze durch die Thüre und auf ihn los, er hieb ihr mit der Art eine Pfote ab. Am Morgen lag ein blutender Frauenarm mit einem goldenen Ring am Boden. Darauf wurde Schwanwitt, die Nachbarin, mit abgehauenem Arm im Bette gefunden und als Hexe verbrannt. [4]) —

---

[1]) Hauber, Bibliotheca, Acta et Scripta Magica 29. Stück, p. 285. „Da sonsten dergleichen Wölffe in den Hexenprocessen sehr rar sind, und unter hundert Männern, welche als Zauberer verurtheilt worden, kaum drei oder vier gefunden worden, die be= kannt haben, oder auch nur beschuldigt worden sind, daß sie Währ-Wölffe gewesen seyn."

[2]) Nur ist bei der Verwandlung der Katzen nie vom Ueberwerfen eines Hembes oder Gürtels die Rede.

[3]) Robnagels hessische Sagen in Wolfs Zeitschr. f. d. M. I. p. 247.

[4]) Wolf, Zeitschr. f. d. M. I. 807. S. Kuhn u. Schwartz, Norddeutsche Sagen, Leipz. 1848, Nr. 225: Die Katzenmühlen; hier werden die Knechte von einer Katze er= würgt, bis ihr ein flinker Knecht die Pfote abschlägt, da erkennt man des Müllers eigene Frau. Aehnlich Müllenhoff, Sagen aus Schleswig-Holstein, Kiel 1845, p. 227. Kuhn, Märkische Sagen, Berlin 1843, Nr. 134. Wolf, Hessische Sagen, Nr. 109. Schmitz, Sagen des Eifellandes II. 46. Colshorn, Märchen und Sagen, Nr. 9. Seifert, Sagen

Ein Bergmann von Zellerfeld im Harz wurde, wenn er Nachts zur Grube gieng, von Katzen umschmeichelt und angebettelt; als sie ihm endlich zu unverschämt wurden, nahm er einen mit spitzen Nägeln beschlagenen Stock und traf eine der Katzen auf den Kopf. Auf ihr Geschrei liefen Schaaren anderer Katzen herbei, und man fand den Bergmann am andern Tag zerfleischt und zerrissen auf dem Kreuzweg' liegen. Nach dem zeigte sich's, daß dieß lauter Hexen gewesen, und eine mußte sich vom Chirurgen verbinden lassen, denn sie hatte den Kopf voll kleiner Nagellöcher. [1] — Die Hexen von Klausthal ziehen als Katzen auf den Brocken. [2] — Hexen als Katzen trinken einem Bauern bei Nacht sein Bier aus; er erkennt sie durch Verbrühen, darunter auch seine Frau. [3] — Auf dem Neuenhof bei Gelnhaar wurden vier Gesellen beim Branntweinbrennen von zwölf Katzen besucht, die sich in einer Reihe auf eine Bank setzten. Sie wurden gebuldet und kamen öfter. Da hörte aber einmal einer der Gesellen, während die andern schliefen, wie die Katzen mit Menschenstimmen sich verabredeten, die vier Bursche umzubringen. Als sie am folgenden Abend wiederkamen, wurden sie von den Gesellen mit kochendem Wasser verbrüht, und am andern Tag lagen zwölf Weiber aus der Nachbarschaft übel verbrannt zu Bette. [4] — Ein Mann im Bisthum Straßburg wurde von großen Katzen angefallen und hatte viele Mühe, sich ihrer mit Axthieben zu erwehren. Gleich darauf wurde er verhaftet und vor den ergrimmten Richter geführt, der ihn beschuldigte, "drei fürnehme und ehrliche Matronen in der Stadt" übel verwundet und beschädigt zu haben. Er betheuerte seine Unschuld und erzählte, was ihm mit den Katzen begegnet war. "Da seynd die andern beysitzenden Herren gleich erstarret" und haben ihn gebeten, die Sache geheim zu halten, damit diese ehrlichen Matronen nicht

---

aus Stadt und Stift Hildesheim, p. 190 ff. Baader, Volkssagen aus dem Lande Baden, Nr. 18. Pröhle, Unterharzische Sagen, Nr. 338. Wolf, Deutsche Sagen, Nr. 148, 149 u. s. w. Weitere Erzählungen von abgehauenen Katzenpfoten Pröhle, Harzsagen, p. 235.

[1] Pröhle, Harzsagen, Leipz. 1854, p. 100.

[2] A. a. O., p. 101.

[3] Kuhn, Norddeutsche S., Nr. 321.

[4] Wolf, Hessische Sagen, Nr. 110.

„rüchtbar" gemacht würden. [1] — Der Nachtwächter von Hildesheim wurde einmal von redenden Katzen angefallen, und es wäre ihm schlimm er=gangen, wenn es nicht eben ein Uhr geschlagen hätte. [2] — Ein Bursche wurde, so oft er Nachts zu seinem Schatz gieng, von einer schwarzen Katze beunruhigt; er nahm einmal einen Kameraden mit, und dieser warf sein Messer über das Thier, da lag ein Mädchen vom Dorfe nackt am Boden, das den Burschen lange geliebt hatte und ihm eifersüchtig auf Tritt und Schritt gefolgt war. [3] — Ein Knecht pflügte, da kamen zwei Katzen zu ihm heran, deren jede sich an ihn zu schmiegen und die andere zu ver=drängen suchte; darüber war des Beißens unter ihnen kein Ende. Der Knecht verwundete endlich eine mit seinem Stäker am Fuß, und plötzlich stand eine seiner Geliebten vor ihm, am Fuße blutend. „So, Greet, bist Du dat!" sagte der Knecht, „ga man, ik näm by nich." — „Ja," sagte Greet, „de anber, dat weer Trien, de keem goet weg." Da mied der Knecht von da an beide Mädchen. [4] — Hexen helfen einer Magd in Katzengestalt waschen, diese sagt von Zeit zu Zeit zur größten: „Mohrle, nur sauber!" [5] — Hexen quälen Nachts die Pferde in Katzengestalt, [6] melken die Kühe, [7] tanzen im Keller, [8] reiten auf Katzenschwänzen [9] u. s. w.

Auch der Alp erscheint in Katzengestalt. So lebte in einem Dorfe unfern Riesenburg in Ostpreußen ein Mädchen, das sich, ohne selbst da=von zu wissen, nächtlich in eine schwarze Katze verwandelte. Am Morgen fühlte sie sich ermattet wie nach einem schweren Traum. In ihrer Ver=

[1] Malleus Maleficarum II., qu. I., c. 9. — Remigius Daemonolatria, Hamb. 1693, Thl. II. Wunderseltzame Historien, p. 292. Wolf, Deutsche S., Nr. 351.

[2] Seifert, Sagen aus Hildesheim, p. 46.

[3] Wolf, Hessische Sagen, Nr. 108.

[4] Müllenhoff, S. aus Schleswig-Holstein, p. 566.

[5] Baader, Volkssagen aus Baden, Nr. 204.

[6] Schambach-Müller, Niedersächs. S., p. 180.

[7] Baader, Volks., Nr. 223.

[8] Colshorn, Nr. 88. Schweine sind ihre Reitthiere.

[9] Müllenhoff, p. 216. — Weitere Sagen von Hexen als Katzen s. Wolf, Hess. S., Nr. 111, 112. Müllenhoff, p. 228. Wolf, Niederländ. S., Nr. 390—96. Baader, Volks., Nr. 331. Müller, Siebenbürgische Sagen, Nr. 144. Tettau-Temme, Volks. Ostpreußens, p. 273; u. A. S. Grimm, D. M. 1051.

wandlung aber mußte sie zu ihrem Verlobten, um ihn zu kratzen und zu peinigen. Einst ergriff er die Katze und band sie in einen Sack; darin fand er am andern Tag seine nackte Braut. Der Pfarrer des Orts heilte sie. [1] — Ein Schreiner in Bühl wird vom Alp geplagt und sieht ihn einmal um Mitternacht als Katze zu einem Loch hereinschlüpfen; schnell verstopft er dieses und nagelt die Katze mit einer Pfote an den Boden. Am andern Morgen fand er ein schönes nacktes Weib mit angenagelter Hand, das ihm so wohl gefiel, daß er es heirathete und drei Kinder mit ihm zeugte. Als er aber einmal das verstopfte Loch öffnete, wurde sie wieder zur Katze, schlüpfte hinaus und kam nicht wieder. [2] — Außerdem erscheinen die Hexen in den mannichfaltigsten und mitunter absonderlichsten Verwandlungen: Hexe als Schwein, welcher von ihrem diabolischen Herrn befohlen war, ihr eigenes Enkelchen zu fressen. [3] — Hexe als Hase: ein Jäger aus Oestinghausen in Westfalen zielte eines Tages nach einem ungewöhnlich großen Hasen, als sich dieser plötzlich auf die Hinterbeine stellte und sagte: „Wo sin be annern Jeagers?" [4] — Ein Jäger fragt einen Jungen, der im Feld arbeitet, ob er ihm keinen Hasen zeigen könne; der Junge läßt sich ein Butterbrod geben und bezeichnet dem Jäger ein Rauchfutterstück, worin ein Hase liege. Als der Jäger aber auf diesen anlegt, ruft der Junge: „Beſtemöme, laupet!" (Großmutter, lauft!) und der Jäger scheut sich loszudrücken. [5] — Diese Hasen tragen auch wohl einen „dreitimpigen hôt" auf dem Kopf [6] und sind häufig dreibeinig, [7] sie halten auch Tänze; [8] nur mit ererbtem Silber können sie getroffen

---

[1] Tettau-Temme, Ostpreußen p. 274.

[2] Baader, Volksf. Nr. 136. S. auch Kuhn-Schwartz, Norddeutsche S. p. 91: Hier kommt sie jedoch jeden Sonntag zurück, um die Kinder anzukleiden.

[3] Meier, Schwäbische S. I., Nr. 197: Hier stößt ihr der eigene Sohn ein glühendes Eisen in den Hals. — Wolf, Hessische Sagen Nr. 107: Hier wird ihr eine Hand abgehauen. — Baader, Volksf. aus Baden Nr. 75: Hier wird sie geschlagen, daß sie darnach stirbt. — S. ferner, Meier, a. a. O. Nr. 205.

[4] Kuhn, Westfälische S. p. 30. Wolf, Niederl. S. Nr. 387.

[5] Kuhn, Westfäl. S. p. 31.

[6] A. a. O. p. 30.

[7] Kuhn-Schwartz, Norddeutsche S. p. 25, 412.

[8] A. a. O. p. 90, 306: hier werden sie von einem Jungen verscheucht, und einer läßt einen silbernen Becher zurück.

werden. ¹) — Hexe als Fuchs flieht, von Erbsilber verwundet, in einen Backofen. ²) — Hexe als Gans, von einem Nachtwächter in Hildesheim auf der Kirchhofmauer gefunden und mit großer Mühe, weil sie von Schritt zu Schritt schwerer wurde, nach Hause getragen. ³) — Ein zauberkundiger Jäger schießt nach einer Wildgans und findet darauf im Gebüsch eine nackte ihm wohlbekannte Frau; er wirft ihr sein Taschentuch zur Bedeckung zu und läßt ihr auf ihre Bitten Kleider vom Dorfe holen.⁴) — Hexe als Pferd wird erstochen, ⁵) wird erkannt und beschlagen. ⁶) Hieher gehört die vielverbreitete Sage von der Frau, welche jeden ihrer Knechte durch Ueberwerfen eines Zaums in ein Pferd verwandelt und auf den Hexensabbath reitet, zuletzt aber doch von einem überlistet, selber in ein Roß verwandelt und mit glühenden Eisen beschlagen wird. ⁷) — So

---

¹) Müllenhoff p. 229. Thiele, Danmarks Folkes. II., 103. — Ein Jäger sieht zwei Tage im Wald des Schloßbergs bei Freiburg einen Hasen, der ihn spottend anblickt, sobald er nach ihm schießt; da lädt er sein Gewehr mit geweihtem Pulver und trifft den Hasen. Wie er näher tritt, findet er ein Portiunkulaweibchen auf dem Kopfe stehend, das eine blutende Schußwunde in der Brust hat, und als er es berührt, todt zu Boden fällt. Baader, Volksf. Nr. 62. Ebenso Baader, Neugesammelte Volksf. aus dem Lande Baden, Karlsruhe 1859, Nr. 42.

²) Müllenhoff p. 230.

³) Schambach-Müller, Niedersf. S. p. 181. Aehnlich Baader, Neugesammelte Volksf. Nr. 150. Meier, Schwäb. S. Nr. 205. Harrys, Niedersf. S. I., 29. S. auch Grimm, D. M. 1054.

⁴) Baader, Volksf. Nr. 117.

⁵) Müllenhoff p. 226.

⁶) Meier, Schwäb. S. Nr. 215.

⁷) Baader in Mones Anzeiger für Kunde der deutschen Vorzeit, Jahrg. 1839, Spalte 180; Volksf. Nr. 69, 336. — Müllenhoff p. 226. — Müller, Siebenb. S. Nr. 148. Wolf, Deutsche S. Nr. 141. Wolf, Niederl. Sagen Nr. 389 und p. 702. Thiele, Danm. Folkes. II., 101, 284. — Wegen des Zauberzaums vergleiche den gandreidhs beitsli, den Wolfrittszaum, aus der Kopfhaut einer Leiche geschnitten, in den Isländischen Sagen von Maurer p. 101. Einen solchen Zaum hat auch Johannes Semela, genannt Teutonicus, s. Widmann zu Faust 2, 21; Scheible's Kloster II., 628; Düntzer ebenda 5, 160, Anm. 131; ferner in der Sage von Klebno, einem bretonischen Fürsten, Villemarqué, Les Romans de la Table Ronde, Paris 1860, p. 417. S. die Besprechung der Isländischen Sagen von Maurer in den Göttinger Gelehrten Anzeigen von F. Liebrecht, 1861, 11. Stück, p. 425 ff.

läßt auch der Teufel in Heilbronn eine Hexe in Roßgestalt beschlagen.¹) Der Teufel erscheint selber als Pferd.²) — Hexe als Löwe in Aschaffenburg; die Leichenfrau stößt dem Thier das geweihte Kreuz in den Rachen, da wird es zu einem nackten alten Weib, das auf allen Vieren läuft und hinten statt des Schweifs einen Kochlöffel hat.³) — Hexe als schwarzes Huhn,⁴) als Kröte;⁵) ferner als Wirbelwind: Zwei Mädchen grasen auf einem Feld bei Kleinsteinbach, als plötzlich ein Wirbelwind entsteht. Die eine wirft ihren linken Schuh hinein, da steht eine Frau aus dem Dorfe vor ihnen.⁶) — Ein Jäger schießt mit einer geweihten Kugel in ein Gewitter, da fällt ein nacktes Weibsbild todt zur Erde.⁷) — Von den Hexen in Donsum auf Föhr erzählt Müllenhoff,⁸) daß sie Flügel an den Schultern haben, sie verwandeln sich in Schwäne und Adler. Ein Mann schoß nach einem wunderschönen Vogel, und dieser ward ein Weib. Bei einem Wasser in der Nähe von Donsum kam ein Brautpaar vorbei, auf dem Wasser segelten Schwäne; da sprach die Braut: „Ich will einen Augenblick zu den Schwänen gehen," und sie gieng hin und fand ihre Schwestern, das waren die Schwäne. Da ward auch sie zum Schwan und ließ ihren Bräutigam allein (Erinnerung an die alten Schwanjungfrauen). Oft verwandeln sich die Hexen in Salhunde und verfolgen die Schiffer; Hexen als Sturzwellen,⁹) als Wasserhosen,¹⁰)

---

¹) Baader, Volksf. Nr. 294. S. die tyroler Sage aus Ulten, wo der Teufel eine ausgelassene Dirne entführt und beim Schmied beschlagen läßt. Wolf, Zeitschr. f. d. M. II., p. 180. Eine Pfaffenmagd, so in ihren Sünden beharret, biß in todt, so wird sie des Teuffels Pferdt und darf man für sie nicht bitten. Fr. Pfeiffer, der alten Weiber Philosophey, Wolf's Zeitschr. III., 314.
²) Grimm, D. M. 946.
³) Baader, Neugesammelte Volksf. Nr. 152.
⁴) Müller, Siebenb. S. Nr. 139.
⁵) A. a. O. Nr. 143.
⁶) Baader, Volksf. Nr. 237. Meier, Schwäb. S. N. 286: Windsbraut. — Müller, Siebenb. S. Nr. 141.
⁷) Baader, Volksf. Nr. 337.
⁸) p. 211 f.
⁹) A. a. O. p. 224.
¹⁰) A. a. O. p. 225.

als blankschimmernde Hunde. [1]) Die Hexen in Siebenbürgen erscheinen besonders Nachts zwischen eilf und zwölf Uhr als rauschender Wind, als schwarze Katze, zuweilen mit einem Pfennig im Mund, als Henne, als schwarzer Hund, als Gans, Natter, Fuchsbalg, als Weibsbild ohne Kopfbedeckung mit abgeflochtenen Zöpfen, schwarzem Gewand und schwarzem Gürtel; die Hexe fliegt als Fliege den Leuten in den Mund und bindet ihnen die Zunge, kommt als Kröte so dick wie eine Katze durch's Rauchloch [2]) u. s. w.

Kehren wir nun zur Werwolfsage zurück. Johannes Tritthemius erzählt in seinem Chronicon Monasterii Hirsgauensis von einem Juden Bajanus Simeonis filius, der um's Jahr 970 gelebt und die Gabe gehabt habe, sich unsichtbar zu machen und sich in einen Wolf zu verwandeln. [3]) — Einer der wenigen gerichtlich bestraften Werwölfe war ein gewisser Peter Stump aus Bedburg in der Nähe von Köln, welcher eingestand, zwanzig Jahre lang eine teuflische Succube als Beischläferin gehabt zu haben; dieselbe habe ihm einen Gürtel geschenkt, durch den er, sobald er ihn umgebunden, zum Wolf geworden sei; in dieser Gestalt habe er fünfzehn Knaben, zwei Weiber und einen Mann erwürgt, jedoch nur das Gehirn von ihnen gegessen. Es wurde ihm der Leib mit glühenden Zangen zerfleischt, Arme und Schenkel mit dem Rade abgestoßen und er darnach auf dem Scheiterhaufen verbrannt. Diesen qualvollen Tod ertrug er mit

---

[1]) A. a. O. p. 229. Von einer Hexe als Hund, die, von wirklichen Hunden angefallen, in ein Ofenloch getrieben und von dem Grafen Paulus v. Salm in den Rachen gestochen wurde, erzählt Remigius I., p. 156. Ganz ähnlich in Augustin Lercheimer von Steinfelden, Christlich Bedencken und Erinnerung von Zauberey, 1585; in Scheible's Kloster V., p. 301. — Ueber den in einen Hund verwandelten Gottesläſterer „den Welthund", ſ. Colshorn, Märchen und Sagen Nr. 35. Seifart, Hildesheim p. 21. Pröhle, Unterharz Nr. 120. Happelius Relationes curiosae III., 369. Lauben, Dialogi von der Lycanthropie 87—93. Leubuscher, Wehrwölfe p. 7. Schröer, Beitrag zur deutschen Mythologie und Sittenkunde aus dem Volksleben der Deutschen in Ungarn, Preßburg 1855, 4, p. 19.

[2]) Müller, Beiträge zur Geschichte des Hexenglaubens und Hexenprozeſſes in Siebenbürgen. Braunschweig 1854, p. 57 f.

[3]) Bodinus, Daemonomania p. 240. Ueberſ. von Fiſchart, 123. Remigius II. p. 187. Wolfeshusius p. 31. Boquet, Discours des Sorciers p. 338. Wierus, de praestigiis Daemonum. Liber de Lamiis C. XXIII., 5.

großer Standhaftigkeit, indem er bat, seines Leibes nicht zu schonen, da=
mit seine Seele gerettet werde. Das war im Jahr 1589. [1]) — Wolfes=
hus erwähnt gleichfalls einen Werwolf aus Köln, der mit seinem Vater
über dreißig Menschen um's Leben gebracht habe und im Jahre 1590
gerichtet worden sei. [2]) — Einst wurde ein Schäfer von einem Wolf
angefallen und hieb ihm mit dem Beil in die Hüften; darauf fand er im
nächsten Busch ein Weib aus dem Dorf, das ihm spinnenfeind war, wie
sie eben mit Fetzen ihres Rocks eine starkblutende Wunde stillen wollte.
Die Hexe wurde verbrannt. [3]) — Ein anderer Schäfer schlug einen Wolf
mit einem Stock aus Erlenholz und begegnete bald darauf einem hinken=
den Weib, das er bezüchtigte, jener Wolf gewesen zu sein; sie konnte es
vor Gericht nicht läugnen und nahm bald hernach ein verdächtiges Ende. [4])
— Einem Oberjägermeister und seinen Begleitern begegnete ein ganz er=
hitzter Wolf, „dessen fauces noch gänzlich mit Blut bemackelt waren",
keine Kugel vermochte ihn zu verletzen. Da kam ein Reiter durch den
Wald und hörte die Ursache des Tumults, lud sofort eine Büchse mit
Hollundermark und einer Drahtkugel und schoß den Wolf in den Hals.
Noch selbigen Tags kam ein altes, der Zauberei verdächtiges Weib mit
einer Halswunde zum Baber; sie wurde verrathen und verbrannt. [5]) —
Ein Bauer bannte einen Werwolf, der ihm in den Schafstall gebrochen
war, daß er die ganze Nacht mit einem geraubten Schaf im Maul vor

---

[1]) Verstegan, Restitution p. 237. Claude Prieur, Dialogue de la Lyc. p. 38.
— Lauben, Dialogi, p, 22. — Godel, Von dem Beschreien p. 28. — Dobeneck, Des
deutschen Mittelalters Volksglauben II., 173.

[2]) De Lycanthropis p. 34.

[3]) Dieß hat Remigius aus dem Mund seiner Fürstin und Frauen Diana Dom-
martinensi, des durchlauchtigsten Markgrafen von Haurech Gemahlin, Daemonolatria,
Hamb. c. XXXIV. Grimm, D. Sagen II. p. 294.

[4]) Lauben, Dialogi p. 135 ff.

[5]) Lauben p. 40 ff. Als Mittel gegen die Passauer-Kunst des Festmachens gilt
auch eine Kugel, in der ein Gerstenkorn steckt oder eine silberne Kugel, die man aus dem
Gelde gießt, das man zum Pathengeschenk erhalten hat, so in Bern und Luzern, Wolf,
Zeitschr. IV., 179. S. auch Gräße, Sagenschatz des Königreichs Sachsen, Dresden 1855,
Nr. 345. Eine Hexe, mit silbernen Knöpfen geschossen, kommt auch im Märchen von
den zwei Brüdern vor. Grimm, Kinder-Märchen Nr. 60.

dem Hause stehen mußte. Am Morgen öffnete der Bauer sein Fenster und sagte: „Nachbar, das Schaf gilt 24 Batzen; wenn Ihr mir so viel schicken wollt, so mögt Ihr das Schaf mitnehmen." Der Wolf nickte mit dem Kopfe und gieng. In der nächsten Nacht legte er die 24 Batzen in ein Papier gewickelt vor des Bauern Thür, erbrach ihm aber zur Rache den Stall und erwürgte sämmtliche Schafe, ohne eines mitzunehmen. [1]) — Ein Wildschütz schießt einen Wolf mit Schrot oben auf den Rücken und sogleich steht ein pelzbekleidetes Weib vor ihm und sagt mit bebender Stimme: „O lieber Jäger Marbä, warum schießt Ihr mich heut? hab' ich doch erst vor drei Tagen Euch Faſtnachtküchlein geschickt." [2]) — Einigen Männern, die über einen Acker gehen, erscheint der Besitzer deßselben als Wolf. [3])

Noch in unsern Tagen sind Sagen vom Werwolf, besonders im Norden und Osten Deutschlands, lebendig. Die Verwandlung geschieht vorzugsweise durch einen Gürtel, der an die Stelle des alten Wolfs= hembes getreten ist. Er wird sowohl auf dem nackten, als auf dem be= kleideten Leibe getragen und ist aus Wolfsleder oder aus der Haut eines Gehenkten geschnitten; zuweilen sind auch wohl die zwölf Himmelszeichen auf zauberische Weise eingewirkt; [4]) er wird von einer Schnalle mit sieben Zungen zusammengehalten, schlägt man die Schnalle auf, so ist der Zauber gebrochen. — Ein Nachtwächter von Groß=Schneen wird in einer schmalen Gasse von einem Werwolf angefallen und schlägt ihm mit dem Stocke unter den Leib, wo die Schnalle sitzt, diese geht auf und der Mann steht nackt vor ihm. Am andern Morgen war der Werwolf todt. [5]) — Der Gürtel giebt übernatürliche Kräfte; so erzählen die Leute im Dorf Hin= denburg in der Altmark von einem Menschen, der einen Streifen Leder aus Wolfshaut hatte, an dem noch die Haare waren; durch diesen ver= wandelte er sich in einen Wolf und erhielt so furchtbare Stärke, daß er einen Ochsen im Maul fortschleppen konnte. Er würgte das Vieh und

[1]) Lauben 141.
[2]) Lauben 143.
[3]) Lauben 81.
[4]) Kuhn, Märkische Sagen p. 375.
[5]) Schambach-Müller, Niedersächs. S. Nr. 198.

fraß Menschen. Nur seine Frau verschonte er, denn sie kannte einen Zauberspruch, wodurch er gebannt wurde, und den er sie selbst gelehrt hatte. Sie schnallte ihm dann den Streifen wieder ab, und nun war er wieder ein vernünftiger Mensch. [1] — Der Gürtel hat verwandelnde Kraft für Jeden, mag die Verwandlung beabsichtigt sein oder nicht: Auf der Erichsburg sollte eine Menge alter Sachen, die auf einer Kammer aufbewahrt wurden, von Amts wegen verkauft werden. Darunter befanden sich alte Jagdgewehre, die den Wildbieben abgenommen worden waren, aber auch mehrere Werwolfsgürtel. Des Amtmanns Diener wollte die Kraft derselben erproben und schnallte einen um; sogleich ward er zum Wolf und lief nach Hunnesrück. Der Amtmann ritt ihm nach und hieb ihn mit dem Schwerte über den Rücken, daß der Gürtel aufsprang und der Bursche wieder entzaubert wurde. [2] — Im Orte Dahlem an der Eifel war Hochzeit in dem Hause eines Mannes, der einen Werwolfsgürtel besaß; diesen fand einer der Gäste zufällig und legte ihn an, ohne ihn zu kennen. Im selben Augenblick wurde er zum Wolf und sprang zum offenen Fenster hinaus. Im Walde lief er einen Holzhauer an, und dieser versetzte ihm einen Hieb mit der Axt, der den Gürtel traf und den Zauber löste. [3] — Ein Mann in der Gegend von Steina hatte einen Wolfsgürtel und vergaß eines Tags, ihn einzuschließen. Da fand ihn sein kleiner Sohn, schnallte ihn um und wurde verwandelt; das war anzusehen wie ein Haufen Erbsstroh und kullerte schwerfällig fort wie ein Bär. Da wurde der Vater herbeigeholt und schnallte ihm den Riemen ab, ehe ein Schaden geschehen war. Der Kleine erzählte nachher, er habe mit der Anlegung des Gürtels einen solchen Heißhunger bekommen, daß er Alles hätte zerreißen mögen. [4]

Die verbreitetste Werwolfsgeschichte ist die von dem Mähder, Roßhirten oder Köhler, der, während er seine zwei Gefährten auf der Wiese schlafend glaubt, einen Wolfsriemen anlegt und zum Wolf geworden ein ganzes Füllen auffrißt. Einer der Gesellen hat ihn aber belauscht,

[1] Temme, Volksf. der Altmark, Berl. 1839, p. 56.
[2] Schambach-Müller, Niederf. S., p. 182.
[3] Schmitz, Sitten und Sagen des Eifler Volks II., 33.
[4] Kuhn und Schwartz, Norddeutsche Sagen Nr. 258.

und sagt, als jener auf dem Heimweg über Leibschmerzen klagt: „Das wundert mich nicht, wenn man ein ganzes Füllen im Leib hat;" worauf der Werwolf grimmig erwidert: „Hättet ihr mir dieß draußen gesagt, so wäret ihr nimmer heimgekommen!" und auf immer verschwindet. [1] — Im siebenjährigen Krieg war im Dorf Jber eine Schutzwache von sieben Mann; diese lagen in einem Bauernhause im Quartier und schliefen auf einer Streu, welche in der Stube bereitet war. In derselben Stube stand auch das Bett, wo der Bauer mit seiner Frau schlief, und davor eine Wiege mit einem kleinen Kinde. In der Nacht bemerkte die Frau, wie einer der Soldaten sich von der Streu erhob, einen Gürtel umlegte und so sich in einen großen Wolf verwandelte. Als solcher kam er an die Wiege und wollte das Kind packen, die Frau hatte es aber bereits in ihrem Bette in Sicherheit gebracht. Da schlich der Werwolf wieder zu seiner Streu, that den Gürtel ab und legte sich nieder. Als die Schutzwache bald darauf abzog, gab die Frau dem Soldaten reichliche Wegzehrung. [2]

Der Werwolf wird durch Verwundung entweder sofort zur Rück= verwandlung gezwungen oder doch später dadurch erkannt. Durch den Tod wird der Zauber unter allen Umständen gebrochen. Siehe die Sage vom Werwolfstein, wo der Zauberer durch verschiedene Verwandlungen zu entfliehen sucht, im Tode aber wieder zum Menschen wird. [3] In Caas= burg auf Usedom waren einmal ein Mann und seine Frau beim Heuen auf einer Wiese beschäftigt; da sagte die Frau nach einiger Zeit, sie habe gar keine Ruhe mehr, sie könne nicht mehr bleiben und gieng fort. Vor= her aber hatte sie auch ihrem Manne das Versprechen abgenommen, daß, wenn etwa ein wildes Thier käme, er ihm seinen Hut hinwerfen und dann fliehen wolle. Nur eine Weile war sie fort, da kam durch die Swine ein Wolf geschwommen, der gieng gerade auf die Heuer los; der Mann

---

[1] So mit geringeren Abweichungen in Hessen, Grimm, D. S. II., p. 293; West= falen, Kuhn, Westf. S., p. 25; Niedersachsen, Schambach-Müller p. 185, Harrys I., Nr. 34; Hannover, Colshorn Nr. 16. Hannover'sches Magazin 1848, Nr. 36; Neu= mark, Kuhn, Märk. S. Nr. 243; Ditmarschen und Schleswig, Müllenhoff p. 231; Harz, Pröhle, Harzf. p. 146; Magdeburg a. a. O. p. 276; Unterharz, Pröhle, Unterh. S. Nr. 326.

[2] Schambach Müller, Niedersf. S. p. 185.

[3] Grimm, D. S. Nr. 214. Bechstein Sagenbuch 279.

warf ihm seinen Hut hin, den das Thier in kleine Stücke zerriß; aber unterdessen hatte sich auch ein Knecht mit einer Forke hergeschlichen und erstach den Wolf von hinten. Im selben Augenblick verwandelte sich dieser und Alle entsetzten sich nicht wenig, als sie sahen, daß es des Bauern Frau war, die der Knecht getödtet hatte. [1]) — Aehnlich ist eine Erzählung aus Malchin, wo ein Bauer mit seiner Frau durch den Wald fährt und plötzlich absteigt, indem er sagt, sie möge fortfahren und, wenn irgend ein Ungethüm kommen sollte, ihm ihre Schürze zuwerfen. Darauf kommt er als Wolf und zerreißt die Schürze; die Frau erkennt ihn aber nach seiner Rückkehr an einigen Fetzen, die ihm noch in den Zähnen stecken. [2]) Aehnlich auch aus Groß=Schneen; hier stirbt die Frau vor Schrecken über diese Entdeckung. [3]) — Es zeigt sich hier ein angeborener oder aufgelegter Zwang, zu bestimmten Zeiten Wolf zu werden und etwas Menschliches oder Menschen Gehörendes zu zerreißen; Hut und Schürze dienen dem Verzauberten als Mittel, dieser Verpflichtung nachzukommen, ohne die ihm nahe stehenden Personen zu beschädigen. — In furchtbarerer Gestalt tritt dieses Zwangsverhältniß des Werwolfs in einer Sage aus Ottensee bei Altona hervor: Dort lebte ein Bauer, der mit dem Bösen einen Contract gemacht hatte, wornach ihm das Geld nie ausgehen sollte unter der Bedingung, daß er sich am letzten Tage jedes Monats in einen Wolf verwandle und jedesmal einen Menschen umbringe. Lange gelang es ihm auch, diese Bedingung zu halten. Aber einmal wurde er von einer alten Frau, welche er anfiel, in die Thüre geklemmt und lief schwer beschädigt nach Hause. Da kam in der Nacht der Teufel und wollte ihn holen, weil er den Contract gebrochen habe. Der Bauer machte sich noch dadurch frei, daß er seine eigene kleine Tochter auffraß. Etwa ein Jahr darauf fiel er seine Magd auf dem Felde an; diese aber rief ihn dreimal bei seinem Taufnamen, und so stand er wieder verwandelt vor ihr. Sie aber gieng, ohne einem Menschen etwas zu sagen, fort nach Hamburg. In der Nacht kam der Böse wieder zu dem Bauern, und nur durch den Tod seines zweiten und letzten Kindes konnte er sich retten. Da erkannte man,

[1]) Kuhn=Schwartz, Norddeutsche S. p. 18.
[2]) Kuhn=Schwartz p. 469.
[3]) Schambach-Müller p. 360.

daß er ein Werwolf sei, seine Frau verließ ihn, und die Leute mieden
ihn. So kam's, daß er nach Hamburg entwich, wo er in einem Wirths=
haus seine Mordthaten ungestört zu verüben dachte. Er wurde jedoch
von seiner früheren Magd erkannt und den Gerichten überliefert. [1]

Fasern zwischen den Zähnen lassen häufig den Werwolf erkennen.
So erzählt man in Medebach an der Orke in Preußen von einem Wirwulw:
Ein Bursch, Lippes (Philipp), begleitete ein Mädchen Namens Leise (Lise)
aus einem benachbarten Ort; da sie ihm aber Manches sagte, was er
nicht gerne hörte, sann er auf Rache. Er gieng einen Augenblick bei
Seite, und gleich darauf rannte ein Thier aus dem Busch und fiel das
Mädchen an; diese schrie um Hülfe, bis das Thier entfloh. Bald darauf
kam Lippes wieder zum Vorschein, und sie klagte ihm, daß ihr ein wildes
Thier Schürze und Tuch zerrissen habe. Er bedauerte sie; da sah sie
jedoch auf einmal zwischen seinen Zähnen Fasern von ihrer rothen Schürze
und lief fort, was sie laufen konnte. [2] — Ein Ehepaar ward beim Dorf
Ochtersum unweit Hildesheim von einem Wolf angefallen; er faßte die Frau
an ihrem rothen wollenen Rock, ward aber vom Mann durch einen Art=
hieb in die Pfote vertrieben, und die Eheleute sahen deutlich, daß er in's
Dorf humpelte. Am andern Tag liegt der Wirth des Krugs zu Bette,
weil ihm, wie er vorgiebt, eine Sense in den Arm gefallen sei. Der
Mann geht mit einem Kapuziner, der mehr als Brot essen kann, hinauf
zu ihm, um nach ihm zu sehen. Der Wirth will jedoch seinen Arm nicht
zeigen, wird bitterböse und weist den Beiden in seiner Wuth die Zähne.
Da sehen jene, daß ihm noch von der rothen Wolle zwischen den Zähnen
steckt; er ist überwiesen und wird todtgeschlagen. [3]

Der Werwolf ist aber häufig „gefroren", unverwundbar; dann
muß man die Büchse mit Hollundermark oder Erbsilber laden. Eine alte
Frau in Husby bei Schleswig ward als Wolf von einer Kugel aus Erb=
silber getroffen und hatte in Folge dessen ihr Leben lang eine offene Wunde,
die kein Arzt zu heilen verstand. [4] — In Greifswald war vor 200 Jahren

---

[1] Aus der Sagenbibliothek, Hamburg 1833, Heft II. und III., bei Müllenhoff p. 232.
[2] Firmenich, Germaniens Völkerstimmen, Berlin p. 332.
[3] Schambach-Müller, p. 183.
[4] Müllenhoff p. 231.

eine erschreckliche Menge Werwölfe, besonders in der Rokover Straße: von da aus überfielen sie alle Leute, die sich Abends nach acht Uhr außer dem Hause sehen ließen. Da thaten sich die Studenten zusammen und erlegten die Unthiere mit Knöpfen von ererbtem Silber. [1]

Wir sahen oben, daß die Nennung des Taufnamens ent= zaubernde Wirkung hat; so auch in der hessischen Sage: Einem Bauern stellt seine Frau bei jeder Mahlzeit Fleisch auf den Tisch, lange verheim= lichend, wie sie dazu gelange. Endlich versprach sie ihm die Entdeckung, nur dürfe er dabei ihren Namen nicht nennen. Sie giengen mit einander auf das Feld, wo Schafe waideten; dort warf die Frau einen Ring über sich, wurde augenblicklich zum Wolfe, fiel in die Heerde ein und lief mit einem Schafe davon. Der Mann stand wie versteinert, als er aber Hirt und Hunde dem Werwolf nachrennen und die Gefahr seines Weibes sah, vergaß er sein Versprechen und rief: „Ach Margareit!" da verschwand der Wolf, und die Frau stand nackend auf dem Felde. [2]

Diesen Glauben berührt Göthe's Zigeunerlied in der Bühnenbearbei= tung des Götz: [3]

> Mein Mann, der schoß ein' Katz' am Zaun,
> War Anne, der Nachbarin, schwarze liebe Katz;
> Da kamen des Nachts sieben Währwölf zu mir,
> Waren sieben, sieben Weiber vom Dorf.
> > Wille wau u. s. w.
>
> Ich kannt' sie all, ich kannt' sie wohl:
> 's war Anne mit Ursel und Käth
> Und Reupel und Bärbel und Lies und Greth,
> Sie heulten im Kreise mich an.
> > Wille wau u. s. w.
>
> Da nannt' ich sie alle beim Namen laut:
> Was willst Du, Anne? was willst Du, Käth?
> Da rüttelten sie sich, da schüttelten sie sich,
> Und liefen und heulten davon.
> > Wille wau u. s. w.

---

[1] Temme, die Volkssagen von Pommern und Rügen. Berlin 1840, p. 308.

[2] Grimm, D. M. 1049. Lyncker, Deutsche Sagen und Sitten aus hessischen Gauen, Cassel 1854, p. 107.

[3] Geschichte Gottfriedens von Berlichingen mit der eisernen Hand, dramatisiert; Kleine Ausgabe in 40 Bänden, Bd. 34, p. 114.

Den Werwolf entzaubert aber häufig auch schon das einfache Er=
kennen ohne birekte Nennung seines Namens: Einem Bauern begegnete
auf dem Feld eine alte Wölfin. Sie sprang immer auf sein Pferd zu,
um es am Hals zu packen. Da kam dem Bauern ihre Stimme so be=
kannt vor, und er rief: „Büst Du dat, myne olle Möem obber bist Du
dat nich?" — Da stand seine eigene alte Mutter in leibhafter Gestalt
vor ihm und konnte kein Glied rühren. Der Bauer lud sie auf den
Wagen und brachte sie nach Hause, aber sie lebte nicht mehr lange. [1]

Weiterhin wird der Werwolf badurch entzaubert, daß Eisen oder
Stahl über ihn geworfen wird. Dieß heißt man in Westfalen den
Wolf, die Hexe blank maken; dem Werwolf platzt dabei das Fell kreuz=
weise vor der Stirne, und der nackte Mensch kommt aus der Oeffnung
heraus. [2] Eine wohlhabende Frau in der Nähe von Wolfhagen verließ
fast jede Nacht ihr Haus und strich als Werwolf auf den Feldern um=
her. Einmal warf ihr ein Schäfer sein Taschenmesser über Kopf und
Schulter und sie stand nackt vor ihm. [3] — Als einst ein Bauer Nachts
mit seinem Wagen über Land fuhr, stieß ihm ein Werwolf auf; sogleich
band er seinen Feuerstahl an die Geißel und schleuderte ihn über den
Kopf des Wolfes her. Dieser aber erhaschte den Stahl, und nun mußte
sich der Bauer durch eilige Flucht retten. [4] — Wer sich in ein Roggen=
feld flüchtet, ist vor dem Werwolf sicher. [5] — Der Werwolf wird ge=
bannt, wenn man einen Degen so in die Erde steckt, daß die Spitze ihm
zugekehrt ist; dann muß er stehen bleiben, bis seine Stunde kommt, wo
er wieder zum Menschen wird. [6] — Er wird auch gefangen durch Oster=
holz: [7] Einem sehr gefährlichen Wolf im Finkenberg stellte ein alter

[1] Aus Niederselk bei Schleswig, Müllenhoff p. 232.
[2] Kuhn, Westfäl. S. p. 31. Grimm, D. M. 1056.
[3] Lyncker, Deutsche Sagen Nr. 162.
[4] Grimm, D. M. 1056. Lyncker, D. S. Nr. 164.
[5] Müllenhoff p. 233.
[6] Kuhn=Schwartz, Nordb. S. p. 470.
[7] Osterholz nennt man die Kohlen oder Feuerbrände, die man in Hildesheim von
den während einer Priesterprocession vor dem Dom angezündeten Osterfeuern wegnimmt;
früher wurde man bestraft, wenn man dasselbe profan gebrauchte. Seifart, Sagen aus
Hildesheim p. 178.

Jäger eine Falle, in der er drei ganz kleine Kreuze von Osterholz ver=
steckte. Am andern Tage fand man darin einen „versoffenen Schneider"
vom Moritzberge. „Nun wahr Dich, Du Wahrwolf!" rief der Jäger,
warf dem Bösewicht einen Zaum über den Kopf und schleppte ihn zum
Galgen. Aber als man ihn aufzog, da hieng am Galgen nur ein Bund
Stroh. [1]

Die Rückverwandlung geht oft nicht so rasch von Statten, daß die
Verfolger nicht noch Anzeichen der abgelegten Gestalt zu erkennen
vermögen. Einen Bauern, der nach Eckernförde fuhr, begleiteten zwei Wölfe
zu beiden Seiten des Wagens; bei Kochendorf sprangen sie plötzlich über
eine Thüre; der Bauer eilte ihnen nach und sah eine Bäuerin mit ihrer
Tochter auf der Diele stehen, und jede hatte einen Wolfsgürtel in der
Hand. [2] — Im Dorf Elmenhorst wohnte ein Mann, der hatte von Ge=
burt an die Gabe, sich in einen Wolf zu verwandeln. Einmal verfolgten
ihn in dieser Gestalt zwei Hamburger Schlächter mit ihren großen Peitschen
bis in sein Zimmer; dort fanden sie ihn zwar bei seinem Weibe im Bette
liegend, aber er war noch nicht ganz verwandelt, und der Wolfsschwanz
hieng noch unter der Decke hervor. [3]

Den Werwolf erkennt man in seiner Menschengestalt auch an den
zusammengewachsenen Brauen. [4]

Weitere Werwolfsagen siehe Reusch, Sagen des preußischen Sam=
landes, Königsberg 1838, 8, p. 66: Die Milchhexe in Labiau; Temme,
Volkssagen von Pommern und Rügen Nr. 260: Der Wolf in der Gegend
von Zarnow, der seinen Verfolgern plötzlich als ein großer fremder Mann
mit einer Keule erschien (angeblich im Jahre 1631). Werwölfe in der

---

[1] Seifart, a. a. O. Nr. 7.
[2] Müllenhoff p. 232.
[3] A. a. O. 231.
[4] Grimm, D. M. 1050. Auch in Indien sind zusammengewachsene Brauen Zeichen
der Zauberei, Somadeva, übers. v. Brockhaus p. 104. Die Mahrten, die den Schäfer
drücken, haben sie ebenfalls, Wolf, Zeitschr. f. d. M. I., 198. Nach isländischem Glau=
ben können dem Sambrynn (einem Menschen mit zusammengewachsenen Brauen) keine
Gespenster schaden. Maurer, Isländ. S. p. 88. Ein nordischer hamrammr heißt Olafr
tvennumbruni — mit den beiderseits herablaufenden Augenbrauen. Maurer, Bekehrung
des norwegischen Stamms II., p. 111, Anm. 35. S. Simrock, Deutsche Mythologie p. 467.

Wetterau f. Wolf, Zeitschr. I., 5. Noch jetzt ist Werwolf ein Schimpf=
name in der goldenen Au. [1] — Ein Werwolf in der Gegend von Ergste
in der Grafschaft Mark wurde durch sein Söhnlein verrathen, welches
erzählte, daß die Mutter dem Vater, wenn er nach Haus komme, eine
Mulde vor den Mund halte, dann übergebe sich der Vater, und Geld
und allerhand Sachen kämen zum Vorschein. Nun war es klar, daß er
ein Bündniß mit dem Teufel habe; er wurde eingezogen und der Wasser=
probe unterworfen. Da rief er den Teufel an, er möchte ihm zwei Mühl=
steine an die Beine hängen; derselbe brachte ihm aber zum Hohne nur
ein Paar Nadeln; der Mann schwamm und wurde schuldig erfunden.
„Op der Wulweswiese unner 'me Ekenbom hett se sine Aske begrawen." [2]
Hier geht der Begriff Werwolf schon in den allgemeineren von Zauberer
über, wie bei einzelnen slavischen Stämmen.

Von einem seltsamen Wolf wird in Erfurt erzählt, der im Sommer
des Jahres 1555 im Weichbild der Stadt herumgelaufen sei und die
Leute umarmt und geherzt habe, besonders die Weibspersonen; Niemanden
habe er ein Leid gethan, doch seien die Begegnenden jedesmal vor der
ungewöhnlichen Größe seines Rachens erschrocken. [3]

Eine Abart des Werwolfs ist der sogenannte Böxenwolf; das ist
ein Mensch, der mit dem Teufel im Bunde steht und durch Umschnallen
eines Gürtels ein riesenstarker Wolf wird, um andere Leute zu quälen.
Besonders liebt er es, denselben auf den Rücken zu springen und sich
eine Strecke weit tragen zu lassen. Im Schaumburgischen giebt es wohl
kein Dorf, wo sich nicht Jemand fände, dem dieß schon begegnet sein
soll. [4] Auch er wird durch Verwundung erkannt. [5] — Der Name
scheint auf das plattdeutsche böxen — Hosen — zurückzuführen und dem=
nach einen Wolf zu bezeichnen, der eigentlich Hosen trägt, also einen
männlichen Werwolf, dem sich vielleicht der von Grimm [6] besprochene

---

[1] Leubuscher p. 29.
[2] Wöste, Volksüberlieferungen aus der Grafschaft Mark, Iserlohn 1848, p. 48.
[3] Bechstein, Sagenbuch p. 479.
[4] Lyncker, Deutsche Sagen Nr. 165.
[5] Kuhn-Schwartz, Norddeutsche S. p. 245.
[6] D. M. 1050.

rheinisch=westfälische Uetterbock — Euterbock — als weiblicher zur Seite stellt (?). [1]

Aber nicht allein auf das lebendige Fleisch hat es der Werwolf abgesehen, sondern er folgt auch dem eigenthümlichen Trieb der Wolfs= natur, die Rabensteine und Walfelder zu plündern, Gräber aufzuscharren und die Leichen zu verschlingen. Damit nähert er sich den arabischen und persischen Gulen, [2] den indischen Vetalas, Pisachas und Rakschasas, die schon im Mahabharata in Gemeinschaft mit Wölfen und Hyänen die Schlachtfelder durchschweifen. [3]

Noch muß hier einer Werwolfsart gedacht werden, welche in ein anderes, weit unheimlicheres Sagengebiet hinüberweist, nämlich des ge= spenstigen Werwolfs, der mit dem Vampyr von einem Geschlecht ist. Der Werwolf ist hier nicht ein verwandelter lebender Mensch, son= dern ein dem Grabe in Wolfsgestalt entstiegener Leichnam. Ein merk= würdiges Beispiel ist der gefährliche und grausame Wolf von Ansbach im Jahr 1685, welcher für das Gespenst des verstorbenen Bürgermeisters und Kastenpflegers gehalten wurde. Von diesem erzählte man, daß er seinem Begräbniß aus einem Dachfenster seines Hauses zugesehen habe und dem Wächter Nachts in Wolfsgestalt mit einem weißen Tuch umhüllt erschienen sei. Am 10. October fiel der gefürchtete Wolf im Weiler Neuses bei der Verfolgung eines Hahns in einen mit Röhricht überdeckten Schöpfbrunnen und wurde von den Bauern mit Steinen todt geworfen.

---

[1] Kuhn=Schwartz, p. 470.

[2] Tausend und Eine Nacht, übers. von Weil, Stuttg. 1838, III., 340.

[3] Holtzmann, Indische Sagen, Stuttg. 1854, I., 57. S. die wunderschöne leichen= verzehrende Dämonin im Somadeva von Brockhaus 143 f., und die Beschreibung der schauerlichen indischen Leichenstätten, ebend. 87 ff. — Den Wolf als Leichenräuber und dadurch Entdecker einer Mordthat s. Webster, dramatische Dichtungen, übers. von Boden= stedt, Berlin 1858, p. 154, und die Anm. aus God's Revenge against Murther, Book VI.; ebenda p. 205. Auch den Bären wird Gräberraub nachgesagt; so heißt es in den Miscellanea Physico-Medico-Mathematica von Büchner, Erfurt 1729. Erstes und zweites Quartal p. 122, ein Bär sei drei Jahre hinter einander über den hohen Bretterzaun des Kirchhofs auf dem Gut Absel in Liefland gestiegen, habe die mit vielen Steinen gehäuften Gräber aufgewühlt, die Särge zerbrochen und die Leichen davon= geschleppt.

Darauf zog man ihm die Haut ab für die fürstliche Kunstkammer, machte ihm von Pappe ein Menschengesicht mit einem Schönbart lang und weiß= graulich, ein Kleid von gewichster fleischfarbröthlicher Leinwand und eine kastanienbraune Perrücke; so wurde er auf dem „Nürnberger Berg vor Onolzbach" an einem eigens dazu errichteten Schnellgalgen aufgehängt. [1] — Diese Sitte, einen Wolf zu hängen, war nach Laubens Angabe be= sonders in hessischen und mecklenburgischen Landen heimisch.

Am auffallendsten ist die Vermischung der Vorstellungen von Wer= wolf und Vampyr in Danziger Sagen, wo es heißt, man müsse den Werwolf verbrennen, nicht begraben; denn er habe in der Erde keine Ruhe und erwache wenige Tage nach der Bestattung; im Heißhunger fresse er sich dann das Fleisch von den eigenen Händen und Füßen ab, und wenn er nichts mehr an seinem Körper zu verzehren habe, wühle er sich um Mitternacht aus dem Grabe hervor, falle in die Heerden und raube das Vieh, oder steige gar in die Häuser, um sich zu den Schla= fenden zu legen und ihnen das warme Herzblut auszusaugen; nachdem er sich daran gesättigt habe, kehre er wieder in sein Grab zurück. Die Leichen der Getödteten findet man aber des andern Tags in den Betten, und nur eine kleine Bißwunde auf der linken Seite der Brust zeigt die Ursache ihres Todes an. [2]

Bei den Süd=Romanen sind mir wenig Spuren der Werwolfs= sagen aufgestoßen. Werwolf heißt it. lupo mannaro, pg. lobis-homem, [3] im Spanischen ist kein besonderes Wort vorhanden. Der Werwolf wird erwähnt in Basiles Pentamerone, übersetzt von Liebrecht, Breslau 1846, I, p. 69, 349, 380. In Straparolas Piacevoli notti N. 3, Fav. 4 verleiht ein Wolf dem Fortunio die Gabe, sich in einen Wolf zu ver= wandeln; das Märchen scheint jedoch unvollständig zu sein, da der Held keinen Gebrauch von der Gabe macht. Im Uebrigen sind auch hier die

---

[1] Bechstein, Sagenbuch; Lauben in der Vorrede der Dialogi von der Lycanthropia; Gockel, Vom Beschreyen p. 29. Dobeneck, des deutschen Mittelalters Volksglauben II., 178. S. das Protokoll im Correspondenten von und für Deutschland, Jahrg. 1810, Nr. 288.

[2] Karl, Danziger Sagen, Danzig 1844, Heft II., p. 38. Wir werden hierauf bei den slavischen Sagen zurückkommen.

[3] Diez, Wörterbuch, Bonn 1853, p. 677.

Märchen reich an Thierverwandlungen. [1]) Besonders verbreitet sind in Italien die Sagen von Verwandlungen in Lastthiere; diese bewirken namentlich alte Zauberinnen durch giftigen Käse. [2])

Cervantes erwähnt in Persiles y Sigismunda, Lib. I, c. 5, redende Wölfe auf einer verlassenen Insel und im 8. Capitel desselben Buchs erzählt Rutilio, wie er von einer Zauberin aus dem Gefängniß zu Rom befreit und nach Norwegen auf einem Zaubermantel entführt wurde. Dort umarmte sie ihn no muy honestamente, und als er sie zurückstieß, verwandelte sie sich in Wolfsgestalt; da griff er nach seinem Messer und stieß es ihr in die Brust. Im Falle erhielt sie wieder Menschengestalt und er sah sie todt vor sich im Blute schwimmend (la qual cayendo en el suelo perdió aquella fea figura, y hallé muerta y corriendo sangre à la desventurada encantadora). Im 18. Capitel desselben Buchs spricht hierauf Mauricio ausführlich von der mania lupina.

Im Provenzalischen heißt der Werwolf leberoun, leberou. [3]) Einen Werwolf der wunderlichsten Art haben wir in dem närrischen Trobador Peire Vidal (um 1170—1200), der sich zu Ehren seiner Geliebten Loba (Wölfin) von Penautier, einer Dame aus Carcassonne, Lob — Wolf — nannte und, in eine Wolfshaut gehüllt, die schwerste Prüfung seiner Liebe zu bestehen glaubte, indem er sich von den Schäferhunden hetzen und zerbeißen ließ, bis er für todt in seiner Geliebten Haus getragen wurde. [4])

Im Französischen ist der Werwolf wiederholt Gegenstand poetischer Behandlung geworden. Nach einer bretonischen Sage dichtete die in England lebende Marie de France ihr Lai du Bisclaveret, welches folgendermaßen beginnt:

---

[1]) S. den Schlagenjüngling, dessen Haut verbrannt wird, Basile I., 198. Die schöne Preziosa, die sich in einen Bären verwandelt, indem sie ein Spänchen Holz in den Mund nimmt, ebend. I., 206 ff. Der als Schwein geborene Prinz, welcher erst entzaubert wird, wenn er drei Weiber hatte, Straparola N. II., T. 1 u. a. m.

[2]) Leubuscher p. 31. Boccaccio läßt seinen Priester Gianni di Barolo dieses Aberglaubens auf lascive Weise genießen, Decamerone X., 1.

[3]) Beronie, Dictionnaire du patois du Bas-Limousin (Corrèze) Tulle 4°, p. 67, 126. aus altfr. loup-beroux. Diez, Wörterbuch p. 677.

[4]) Die Vorzeit oder Geschichte, Dichtung, Kunst und Literatur des Vor- und Mittelalters, Erfurt 1817, Bd. I., p. 81.

Quant de lais faire m'entremet
Ne voil ublier Bisclaveret;
Bisclaveret ad nun en Bretan,
Garwalf l'apelent li Norman. [1]

Jadis le poeit hum oir
Et sovent suleit avenir,
Hume plusur Garwalf devindrent
E es boscages meisun tindrent;
Garwalf si est beste salvage,
Tant cum il est en cele rage,
Hummes devure, grant mal fait,
Es granz forests converse e vait.

Der Inhalt des Gedichts ist folgender: Ein Ritter lebte in der Bretagne, von seinem Lehnsherrn und allen seinen Nachbarn geliebt und geschätzt; er hatte eine schöne Frau geheirathet, mit welcher er in glücklicher Ehe lebte. Eine Sache allein machte die Frau unruhig, daß nämlich ihr Gemahl wöchentlich drei Tage von Hause gieng, ohne daß ein Mensch wußte, wo er sich in dieser Zeit aufhalte. Ihren Schmeicheleien gelang es endlich in einer guten Stunde, ihm sein Geheimniß zu entlocken:

Dame, jeo deviene bisclaveret,
En cele grant forest me met
Al plus espes de la gaudine,
Si vif de preie e de ravine (v. 66).

Auch das Wichtigste konnte er nicht verschweigen: daß er nackt die Wolfsverwandlung eingehe und seine Kleider im Wald unter einem hohlen

---

[1] Garwalf und nicht Garwall steht in der Handschrift des Britischen Museums, Harleiana 978. Gerulf hat auch Gervasius, Liebrecht p. 4. Dieses normannische Wort wurde zu garou corrumpiert, und da seine Bedeutung nach und nach erloschen war, so setzte man pleonastisch noch ein loup davor — loup-garou. François Phœbus, Graf von Foix, in seinem Livre de la chasse glaubt, garou bedeute gardez-vous, welche Etymologie dem gelehrten Bodin vom Präsidenten Fauchet für sein Werk mitgetheilt wurde. Bodinus Daemonomania, Frankf. 1603, p. 238. — Der bretonische Name bisclaveret scheint aus bleiz-garv entstellt zu sein (bleiz Wolf, garv schlimm, wild, s. Rostrenen, Dictionnaire françois-celtique, Rennes 1732, 4, und Pelletier, Dialogue de l'Ortografe et Prononciation Française, Lyon 1555. Garv kann aber auch garou, garwalf sein. Der gebräuchlichere Ausdruck für Werwolf ist im Bretonischen den-bleiz, den = Mann).

Steine wohl verwahrt halte; denn würden ihm diese genommen, so müßte er Wolf bleiben, bis er sie wiederfände. Bei dieser Eröffnung kam die Frau ein Grausen an, und sie sann auf Mittel, sich des unheimlichen Bettgenossen zu entledigen. Da erinnerte sie sich eines benachbarten Ritters, der in ihrem Minnedienst treu ausgehalten hatte, trotzdem daß sie stets kalt gegen ihn geblieben war. Nun sandte sie ihm Botschaft, trug ihm ihre Liebe an und brachte es bald dahin, daß er ihres Gatten Kleider aus dem hohlen Stein entwandte. Dadurch war dieser verdammt, seine Wolfshaut zu behalten, und die treulose Frau vermählte sich mit ihrem Liebhaber. Nach einem Jahr ritt der König in den Wald zur Jagd, der Werwolf wurde aufgetrieben und war nahe daran, von den Bracken zerrissen zu werden, als er den König in der Nähe sah und sich hülfeflehend zu ihm flüchtete. Der König war erstaunt über den Menschenverstand des Thieres und schenkte ihm das Leben. Zum Dank folgte ihm der Wolf von Stund an auf Schritt und Tritt nach und war allen Schloßbewohnern ein guter Hausgenosse. Eines Tages aber, als sämmtliche Lehensmannen vom König zu einem Hoffest geladen waren, erschien auch der Ritter, der Bisclaverets Kleider geraubt hatte; kaum hatte ihn der Wolf erblickt, so fiel er ihn an mit grimmem Bisse und hätte ihm großes Leid gethan, wenn es der König nicht gewehrt hätte. Einige Zeit darauf ritt der König wieder auf die Jagd in der Nähe des Schlosses, das des Werwolfs Frau bewohnte. Diese kam dem König huldigend entgegen; der Wolf aber gerieth bei ihrem Anblick in solche Wuth, daß er an ihr hinauffuhr und ihr die Nase aus dem Gesichte riß. Nun aber wäre es ihm an's Leben gegangen, wenn nicht ein alter Mann aus des Königs Umgebung vorgetreten wäre und dem König bedeutet hätte, hier walte das Geheimniß eines Verbrechens vor. Der König verhörte auf seine Mahnung die erschrockene Frau, und sie gestand, wie sie ihren Gatten verrathen habe. Sogleich ließ der König die Kleider des Ritters holen und vor dem Wolf niederlegen; dieser aber rührte sich nicht. Da sagte wiederum der alte Mann: „Das ist nicht wohlgethan; er wird sich hier vor Aller Augen seiner Haut nicht entkleiden, da er sonst nackt vor euch stehen würde.“ — So führte denn der König den Wolf in sein eigenes Schlafgemach und schloß ihn mit den Kleidern ein; als er darauf nach einer Stunde zurückkehrte, fand er den Baron in Menschengestalt auf dem Bette eingeschlafen. Der König war hocherfreut und überhäufte den Wiedergefundenen mit Ehren und Lehen; die Frau aber sammt ihrem Buhlen trieb er aus dem Lande, und von ihnen stammte ein wunder= sames Geschlecht, Frauen, die ohne Nasen geboren wurden. [1]

Auffallend ist hier, daß die Dichterin entschieden für den Werwolf Partei nimmt, und es muß daraus geschlossen werden, daß sie die Ver= wandlung als einen angeborenen Zwang, als ein unverschuldetes Unglück betrachtet, das den damit Behafteten zum Gegenstand des allgemeinen Mitleids macht. Denn sobald der Ritter aus freiem Willen zum rau= benden und mordenden Wolf wird, verliert er jegliches Anrecht auf unsere Sympathie, und der Verrath seiner Frau ist zum mindesten entschulbbar.

Diese Erzählung ist wiederholt in einem Gedicht des 14. Jahr= hunderts, im Roman du Renard Contrefait vom Clerc de Troyes, abgedruckt in der Collection des poètes Champenois antérieurs au XV° siècle, Reims 1851, p. 138; sie heißt hier L'histoire de Biclare, und beginnt:

> Trop est cilz fox, qui se marie
> En fame de jolive vie.

Die Auffassung ist ganz dieselbe wie bei Marie. Die Begebenheit wird an den Hof des Königs Artus verlegt; die Verwandlung dauert all Monate drei Tage; die Frau entwendet die Kleider selber und spricht:

> De mari suis dessevrée
> Puis estre a mon ami livrée.

Der Werwolf findet sie an der Tafel in Artus Schloß und fällt sie zweimal an; daß er ihr die Nase abbeißt, wird nicht erwähnt; dieser Zug erschien wohl dem späteren Trouvère etwas zu unfein: Die Frau wird aber für ihre Schuld eingemauert. Der Dichter zieht am Schlusse die Moral:

---

[1] Roquefort, Poésies de Marie de France, Paris 1832, Vol. I., p. 178—200. W. Hertz, Marie de France, Stuttg. 1862, p. 81 ff. Der unter dem Namen Biclaretz liodh in die Srengleikar aufgenommenen altnordischen Uebersetzung des Lais wurde schon p. 51 gedacht.

‚Dont voiz tu que folement ouvre,
Qui à sa fame se descouvre
Dou secre que fait à celer
S'a touz ne le viant reveler.

Ein zweites, ähnliches Gedicht vom Werwolf ist das Lai de Me=
lion [1]) aus dem 13. Jahrhundert: An Artus Hofe lebte ein trefflicher
junger Ritter Namens Melion; er hatte gelobt, nie eine Dame zu lieben,
welche schon einen andern Mann zuvor geliebt habe, und war dadurch
bei allen Damen in Ungnade gefallen. Als er eines Tags im Tann der
Jagd oblag, sah er eine Jungfrau auf einem schönen Zelter durch die
Halde heranreiten.

En la lande, qu'est verde et bele,
Vit Melions une pucele
Venir sor un bel palefroi;
Molt erent riche si conroi:
Un vermeil samit ot vestu,
Estoit à las molt bien cosu;
A son col un mantel d'ermine,
Ainc meillor n'afubla roine,
Gent cors et bele espauléure
Et blonde la cheveléure,
Petite bouche bien molléc
Et comme rose encolorée;
Les ex ot vairs, clairs et rians;
Molt estoit bele en tos samblans.
Seule venoit sans compaignie,
Molt par fu gente et escavie.

Das Fräulein gab sich als die Königstochter von Irland zu erkennen,
welche keinen Mann als ihn geliebt habe und allein um seinetwillen her=
gekommen sei. Er nahm sie mit Freuden auf und feierte mit ihr ein
prächtiges Hochzeitsfest. Drei Jahre lebte er mit ihr in Lust und Wonne,
und sie gebar ihm zwei Söhne. Eines Tages ritt er mit ihr auf die
Jagd, und ein stattlicher Hirsch kam ihnen zu Gesicht; die Dame rief, sie
werde nicht mehr essen, bis sie Fleisch von diesem Hirsche habe. Da
zeigte ihr Melion einen Ring mit einem weißen und einem rothen Stein

---

[1]) Abgedruckt von Francisque Michel, Lai d'Ignaurés suivi des lais de Melion
et du Trot, Paris 1832, p. 44—67.

und bat sie, ihm, sobald er seine Kleider abgelegt habe, mit dem weißen das Haupt zu berühren; dann werde sie ihn sogleich in einen Wolf ver= wandelt sehen, in dieser Gestalt werde er den flüchtigen Hirsch einholen und ihr von seinem Fleische zurückbringen. Dabei schärfte er ihr ein, seine Kleider wohl zu hüten und auf seine Wiederkunft zu warten; denn bevor er mit dem rothen Stein berührt würde, könnte er seine mensch= liche Gestalt nicht wieder gewinnen. — So geschah's; er lief als Wolf von dannen. Doch die Frau sagte alsbald zu dem Knappen, der sie begleitete: „Nun wollen wir ihn jagen lassen!" stieg auf's Roß und führte den Knappen mit sich fort, hinüber nach Irland in ihre Heimat. Dahin folgte ihr auch der verwandelte Melion, nachdem er den Verrath erkannt hatte: er versteckte sich in einem Schiff und kam glücklich auf die Insel. Dort sammelte er zehn wirkliche Wölfe um sich und fiel mit ihnen verheerend in Heerden und Häuser. Der König von Irland zog gegen die Ungethüme aus und erlegte zehn, Melion allein entkam. Da sah er eines Tags zu seiner freudigen Ueberraschung seinen Herrn und König Artus landen, der mit dem König von Irland zu unterhandeln kam. Melion lief hin, fiel dem Herrn zu Füßen und geberdete sich so zahm und freundlich, daß ihn der König bei sich duldete. Er aß Brod und trank Wein wie ein Mensch, worüber sich Alle höchlichst verwunderten. Die Gäste ritten auf's Schloß, der Wolf lief mit; da erblickte er den Knappen, der mit der treulosen Frau herübergekommen war, und fiel ihn ingrimmig an. Dieß brachte den Geängstigten dazu, Alles zu gestehen, worauf der König von Irland zu seiner Tochter gieng und sie zur Rück= gabe des Rings nöthigte. Dann begab sich Artus auf Gawains Rath mit dem Wolf in ein einsames Zimmer und berührte ihn mit dem rothen Stein am Kopf. Da bekam der Wolf Menschengesicht und Menschen= gestalt und der erlöste Melion fiel dem König dankend zu Füßen. Der König von Irland gab seine Tochter in Artus Gewalt, sie zu verbrennen oder zu richten, wie es ihm beliebe. Melion hatte Anfangs nicht übel Luft, sie mit dem Ringe zu berühren. Artus aber beredete ihn, sie seiner schönen Kinder willen zu verschonen.

> En sa contrée en est alés,
> Melion a od lui menés;

Molt en fu liés, grant joie en a.
Sa feme en Yrlande laissa,
A deables l'a commandée etc. etc.

Diese Erzählung ist gegen die erste bedeutend abgeschwächt. Die Verwandlung geht aus keiner Naturnothwendigkeit, sondern rein äußerlich aus dem Besitz des Zauberrings hervor und kann also mit dem letztern auf andere Personen übertragen werden. Das Eigenthümlichste aber ist, daß der Werwolf einen Gehülfen bei seiner Verwandlung braucht, der ihn mit dem Ring berührt und ihm die Kleider hütet. [1]) Daher scheint auch der Besitzer den Ring weniger zu seiner eigenen Verwandlung, als zur Verzauberung anderer Menschen bestimmt zu haben.

Neben dieser milden Auffassung finden wir jedoch den Werwolf auch in seiner diabolischen Gestalt. Wie bei den Angelsachsen wurde bei den Normannen der Teufel selbst als Werwolf bezeichnet; so heißt es in Walthers von Coinsi Leben des heiligen Hildefons, [2]) vollendet 1219, v. 532:

Que nos deffende, que nos gart
De ces garous et de ces leus
Et de ce pont tant perilleus.
Cil lou desvé, cil lou garoul
Ce sunt deable que saul
Ne puent estre de nos mordre.

Auch nennt er den Kaiser Decian wegen seiner Christenverfolgungen L. I. ch. 35. v. 692:

Li garous, garous Daciens

u. v. 754:

Ausi com fait li garou leus. [3])

---

[1]) Das letztere fanden wir auch in dem äsopischen Schwank. Im Lai ist dieser Zug jedoch ohne Bedeutung, da Melion durch die einfache Kraft des Rings seine Menschengestalt wieder erhält, ohne daß gesagt wird, er habe seine Kleider in Irland wieder bekommen.

[2]) Cod. Bruxell. Nr. 636.

[3]) Mone, Reinhardus Vulpes, Stuttg. et Tub. 1832, p. 308. Der Werwolf wird u. A. noch erwähnt im Roman de Garin: Leu warou, sanglante beste! und im Chevalier au Barizel v. 157:

Eine alte Werwolfsgeschichte erzählt Gervasius Tilburiensis von einem Raimbaud de Ponto, der von einem gewissen Pontio de Capitolio aus seinem Erbe vertrieben in den Wäldern von Auvergne umhergeirrt und aus Verzweiflung zum Wolf geworden sei, in welcher Gestalt er Kinder gefressen und auch Alte beschädigt habe. Endlich wurde ihm einmal von einem Zimmermann ein Fuß abgehackt, und sofort bekam er seine menschliche Gestalt wieder. Er versicherte darauf öffentlich, daß ihm der Verlust des Fußes vom größten Heile sei, da ihn derselbe vom irdischen Elend und den jenseitigen Folgen seiner Thierverwandlung befreit habe. Asserunt enim, qui talia duxerunt in usum, membrorum truncatione ab hujusmodi infortunio homines tales liberari. [1] — Von einem gewissen Calceveyra heißt es ebendaselbst, daß er zur Neumondszeit seine Kleider unter einen Felsen oder Dornstrauch gelegt und sich nackt im Sande gewälzt habe, bis er in Wolfsgestalt mit offenem Rachen davongelaufen sei. Der Wolf laufe nämlich mit offenem Maul, weil er dasselbe nur schwer und mit Beihülfe der Füße öffnen könne; habe er diese Vorsicht versäumt und werde er mit geschlossenen Kiefern von den Verfolgern überrascht, so falle er wehrlos in ihre Hände. [2]

Im sechzehnten Jahrhundert tauchen in Frankreich zahlreiche Werwolfsprozesse auf. Im Jahr 1521 wurden Pierre Burgot und Michel Verdun vor das Inquisitionsgericht von Besançon gestellt. Pierre gestand, mit dem Teufel einen Bund gemacht zu haben, Michel habe ihn darin bestärkt und ihn nackt mit einer Salbe eingerieben, wodurch er alsbald in einen Wolf verwandelt worden sei. Michel machte es ebenso, und wenn sie sich einige Stunden mit unglaublicher Leichtigkeit und Geschwindigkeit umhergetrieben hatten, rieb Michel sich und seinen Begleiter wieder mit der Salbe ein, und schneller als ein Gedanke wurden sie wieder zu Menschen. Michel wurde in seinen Kleidern zum Wolf, Peter nur, wenn

---

Qui moult estoit crueus et fors
Et fel et fiers et plus irous
Que chien desves ne leu warous.

Roquefort, Glossaire de la langue Romane. Paris 1808, v. Warou.

[1] Otia Imperialia, herausgeg. von Liebrecht, p. 51.

[2] S. auch Dobeneck II., 172.

7

er nackt war. In Wolfsgestalt wollten sie mehrere Menschen, besonders junge Mädchen getödtet haben, um in ihrem Fleisch und Blut zu schwelgen. Beide versicherten, öfters mit Wölfinnen den Beischlaf vollzogen und soviel Lustgefühl gehabt zu haben in luparum quam in mulierum concubitu. [1] Die Beiden wurden zu Besançon verbrannt. [2]

Im selben Jahr wurden zu Poulign‍y Michel Udon, der als Werwolf von einem Jäger verwundet worden war, le groz Pierre und Philibert Montot verbrannt. [3] Die beiden erstern bekannten gleichfalls, im Begatten der Wölfinnen denselben Genuß wie bei Frauen gehabt zu haben. [4] — Ein Anderer, Namens Steff Pierre, verwandelte sich in einen Wolf mit Hülfe eines Gürtels, den er von dem Teufel, der ihm als Succubus diente, erhalten hatte. [5]

Am 13. September 1573 wurden von der Court souveraine du parlement à Dole (in der Franche comté) die Bauern aufgeboten avec épieux, halbardes, piques, harquebuzes, bastons auf einen Werwolf in den Territorien von Espagny, Salvange, Courchapon etc. Jagd zu machen. [6] Der Werwolf wurde eingefangen, es war Gilles Garnier von

---

[1] Qu'ils prennoyent autant de plaisir lorsqu'ils s'accouploient brutalement auec les louues que lorsqu'ils s'accointoyent humainement auec des femmes. De l'Ancre, Tableau de l'inconstance des Mauvais Anges. Paris 1613, p. 317.

[2] Denn nach Boquet verlangte das Gesetz, daß ein Verurtheilter lebendig verbrannt werde, wenn er nicht bereuen wolle und wenn er Werwolf gewesen sei. Six Aduis en faict de sorcelerie, p. 32. — S. über den obigen Fall Bodin, Demonomanie L. II., c. VI.; ed. Francf. 1603, p. 235; übers. von Fischart p. 120. Wierus, de præstigiis dæmonum, Basil 1576, L. VI., c. XI. — Remigius, Dæmonolatria, Hamb. 1698, II., p. 183. Boquet, Discours de Sorciers, Lyon 1608, p. 370. — Boissardi Tractatus Posthumus, Oppenh. p. 54. — Wolfeshusius, de Lycanthropis, Lips. 1591, p. 31. — Gockel, Vom Beschreyen p. 28. — Lauben, Dialogi p. 22. — Dobeneck II., 174. — Calmeil, la folie, Paris 1845, I., 234 ff. — Leubuscher, der Wahnsinn, Halle 1848, p. 68. — Leubuscher, Wehrwölfe p. 15—18.

[3] Boquet, Discours p. 340.

[4] Ebendas. 370.

[5] Ebendas. 343. Die Uebereinstimmung der Namen und Angaben dieser Delinquenten mit denen der zuvor genannten Werwölfe von Besançon ist verdächtig und läßt vermuthen, daß wir hier zweierlei Nachrichten über ein und denselben Fall vor uns haben.

[6] S. den Erlaß nach Calmeil, la folie, Paris 1845, I., p. 279; bei Leubuscher, Wehrw. p. 18, Anm. 1.

Leon; er bekannte, ein kleines Mädchen von 10—12 Jahren mit Zähnen und Tatzen erwürgt, darauf entkleidet [1]) und ihm das Fleisch von Schenkeln und Armen abgenagt, auch seiner Frau etwas davon nach Hause gebracht zu haben; ein zweites Mägblein habe er umgebracht, sei aber von seinem Mahle verscheucht worden; bagegen habe er ein brittes Kind, einen zehnjährigen Knaben, in den Weinbergen von Grebisan ge= töbtet und das Fleisch von seinen Beinen und Bauch gefressen; einen andern Knaben habe er in Menschengestalt erwürgt, und obgleich es Freitag gewesen sei, hätte er doch von dem Fleisch gegessen, wenn er nicht baran verhindert worden wäre. Er wurde im Januar 1574 lebendig verbrannt. [2])

Im Jahr 1588 begab sich nach Boquets Erzählung folgende Ge= schichte in einem Dorf, zwei Meilen von Apchon im Hochgebirg der Auvergne: Ein Ebelmann, der Abends aus dem Fenster seines Schlosses schaute, sah einen ihm bekannten Jäger vorüberkommen und bat ihn, ihm bei seiner Zurückkunft etwas von der Jagd mitzubringen. Auf der Ebene wurde der Jäger von einem großen Wolfe angefallen, bem er nach hef= tigem Kampfe mit seinem Waibmesser eine Pfote abhieb. Auf dem Rück= weg kehrte er bei dem Ebelmann ein und langte in die Tasche, ihm die Pfote zu zeigen; da zog er eine menschliche Hand mit einem Golbring hervor, den der Ebelmann sofort als seiner Frau gehörig erkannte. Er suchte nach ihr und fand sie in der Küche, den Arm unter der Schürze bergenb. Als er benselben enthüllte, sah er, baß die Hand abgehauen war. Die Dame wurde vor Gericht gestellt, bekannte und wurde zu Ryon verbrannt. [3])

Der sechzehnjährige Benoit Bibel von Raisan war im Garten mit seiner fünfzehnjährigen Schwester, um Obst zu pflücken. Während er auf

---

[1]) Auch Boquet (p. 365) erzählt, baß man die Kleider der zerrissenen Kinder stets unversehrt im Felbe gefunden habe. S. unten p. 104.

[2]) S. Bodin, Dæmonomania p. 234. Fischart's Uebers. p. 120. Remigius II., 183. — Boquet, Discours p. 341. — Bosquet, La Normandie romanesque, Paris 1845, p. 230. — Leubuscher, Wehrwölfe p. 19.

[3]) Diese Geschichte weiß Boquet (Discours p. 341) von einer glaubwürdigen Person, qui passa par là enuiron quinze jours après que la chose fut faicte. -- S. auch Collin de Plancy, Dictionnaire Infernal, Paris 1818, I, p. 386.

dem Baume ſaß, kam ein Wolf und fiel das Mädchen an; der Bruder
ſprang vom Baum, um ihr zu helfen. Der Wolf aber entriß ihm ſein
Meſſer und ſchnitt ihn in den Hals. Man kam dem Knaben zu Hülfe,
und er erzählte, daß die Vorderpfoten des Wolfs innen wie eine Men=
ſchenhand geformt geweſen ſeien. Der Knabe ſtarb an der Wunde; man
warf den Verdacht auf eine gewiſſe Perenette Gandillon, die ſeit jenem
Ereigniß abweſend war, und als ſie ſich wieder blicken ließ, wurde ſie
von den Bauern erſchlagen. [1] — Bald darauf wurde ihr Bruder Pierre
mit ſeinen beiden Kindern Georg und Antoinette der Zauberei angeklagt.
Der Vater geſtand, vom Teufel eine Salbe erhalten zu haben, durch die
er ſich des Abends in einen Haſen, häufiger aber in einen Wolf ver=
wandelt und hierauf durch Wälzen im bethauten Gras wieder menſchliche
Geſtalt erlangt habe. Er ſoll am ganzen Leib zerkratzt geweſen ſein und
kaum mehr das Ausſehen eines Menſchen gehabt haben. [2] Sein Sohn
geſtand, als Wolf zwei Ziegen getödtet zu haben; die Tochter bekannte
ſich der Teufelsbuhlſchaft ſchuldig, und alle drei wurden verurtheilt, vom
Henker erdroſſelt und hernach verbrannt zu werden.

Weiterhin wurden vier Weiber, Clauda Jamproſt, Clauda Jan=
guillaume, Clauda Gaillard und Thievenne Paget als Werwölfinnen hin=
gerichtet. Sie bekannten, in Wolfsgeſtalt mehrere Kinder aufgefreſſen zu
haben. Die letzte hat nach ihrem Geſtändniß viel mit dem Teufel zu
thun gehabt und vermag daher, vom membre du Demon eine ausführ=
liche Beſchreibung zu geben. [3] — Claude Gaillard hatte einſt mit Jeanne

---

[1] Boquet p. 361. — Calmeil, folie I., 310. — Leubuſcher, Wahnſinn 100. —
Leubuſcher, Wehrwölfe 20.

[2] Boquet 365.

[3] Die nymphomane Phantaſie der Unglücklichen und der heilige Forſchertrieb der
Inquiſitoren haben ſich mit dieſem Gegenſtande vielfältig beſchäftigt. Es ſind gewöhnlich
Mädchen von 15—19 Jahren, durch deren Ausſagen hierüber ſelbſt die minutiöſeſte Wiß=
begierde befriedigt werden konnte. De l'Ancre verſäumt nie, die Antworten der Hexen
auf dahin bezügliche Fragen mitzutheilen. Alle ſtimmen überein, daß der concubitus
diaboli äußerſt ſchmerzhaft ſei, le membre du Demon eſtant faict à eſcailles comme
un poiſſon, elles ſe reſerrent en entrant et ſe leuent et piquent en ſortant (Tableau
de l'Inconſtance, Paris 1613, p. 224). Marie de Marigrane, agée de 15 ans, dit
que le membre eſt moitié de fer, moitié de chair, et de meſme les genitoires
(ib. 226). Petry de Linarre dit, que le diable a le membre faict de corne ou

Perrin zusammen gebettelt und weniger Almosen erhalten als diese. Im Walde angekommen lief sie in ein Gebüsch, aus dem bald darauf ein Wolf hervorsprang und auf Jeanne Perrin losgieng, welche im Schrecken ihr Almosen fallen ließ und entfloh. Jeanne sagte im Verhör, daß der Wolf an den Hinterfüßen Zehen gehabt habe wie ein Mensch. [1] — Die Werwölfe berühren nie den Kopf, noch die rechte Seite ihrer Opfer: Gros Jacques gab für den Kopf das Taufwasser als Grund an und Clauda Janguillaume für die rechte Seite den Umstand, daß man mit der Rechten das Kreuz schlage. [2] — Die genannten Werwölfinnen tödteten ihre Opfer, indem sie dieselben über Felsen und Steine schleiften. [3] — Andere bedienten sich auch menschlicher Waffen wie oben Perenette Gandillon. Darum gab der Maler, der die drei Werwölfe in der Kirche von Pouligny malte, jedem ein Messer in die rechte Hand. [4] — Alle diese Werwölfe bekannten, daß sie sich mit einer Salbe einrieben, worauf ihnen Satan eine Wolfshaut anzog. Boquet fragte eine Hexe, die alt und bucklig war, wie sie so schnell auf den steilen Höhen habe umherlaufen können, worauf sie erwiderte, daß Satan sie getragen habe. [5] — Zur Entzauberung bedienten sie sich reinen Wassers. [6] — Durch die Gefangennahme wird der Salbe ihre Zauberkraft benommen. [7]

---

pour le moins il en a l'apparence: c'est pourquoi il faict tant crier les femmes (ib.). Le membre du Diable, s'il est estendu, est long enuiron d'une aulne, mais il le tient entortillé et sinueux en forme de serpent (ib. 224). Der Same des Teufels ist eiskalt (Boquet, Discours p. 8; Wolf, Zeitschr. II., 65) u. s. w. — Im ersten Vierteljahr ihrer Gefangenschaft wollte Thievenne Paget nichts bekennen; da wurde sie mit ihrem Ankläger, dem dicken Jakob, zusammengesperrt und gestand gleich nach der ersten Nacht. Boquet glaubt daher, dieses Mittel als probat empfehlen zu können. Discours des Sorciers p. 381.

[1] Boquet 362.
[2] Ebend. 367.
[3] Ebend. 368.
[4] Ebend. 368. Auch auf dem, Madden's Ausgabe von William and the Werwolf vorgedruckten, alten Holzschnitt läuft ein Werwolf aufrecht auf den Hinterfüßen, mit einem Messer in der rechten Vorderpfote.
[5] Boquet 364.
[6] Ebend. 369.
[7] Ebend. 365.

In den französischen Sagen tritt der Werwolf ungeschwänzt auf; so sagt Rynauld ausdrücklich: Toutes Sorcieres transformées en bestes par illusions diaboliquès n'ont point de queues. [1]) — Im Jahre 1603 am 18. Juli sah man drei Wölfe ohne Schweif im Gebiet von Douvres und Jeurre eine halbe Stunde nach einem furchtbaren Hagelwetter und hielt sie für drei verwandelte Wettermacher. [2])

Im Jahre 1598 wurde zu Chalons ein ganz ruchloser Kinderfresser als Werwolf verurtheilt und der Gerichtshof befahl, seinen Proceß mit ihm zu verbrennen, so viel Schmutz und Schlechtigkeit stecke darin. [3])

Im Jahre 1603 wurde vor dem Parlament zu Bordeaux ein drei= zehnjähriger Knabe, Jean Grenier, [4]) der Lykanthropie angeklagt. Eine Hirtin, Jeanne Gaboriant, 18 Jahr alt, sagte gegen ihn aus, daß er ihr einen Heirathsantrag gemacht und auf ihre Erwiderung, er sehe so geschwärzt aus, bemerkt habe, das komme von einer Wolfshaut, die er zu tragen pflege; diese Haut habe er von einem gewissen Pierre Labou= rant, un homme, qui portoit dans sa maison vne chaine de fer au col, laquelle il rongeoit, et qu'en icelle maison y auoit des per- sonnes en des chaires qui brusloient, des autres en des licts qui flamboyoient et des autres, qui faisoyent rostir et mettoient des

---

[1]) De la Lycanthropie, Paris 1615, p. 53.

[2]) Boquet p. 340. Daß das Fehlen des Schweifes ein Zeichen diabolischen Wesens am Thiere sei, scheint Shakespeare im Auge gehabt zu haben, als er seine erste Hexe im Macbeth (A. I, Sc. 3) sagen läßt:

But in a sieve I'll thither sail,
And like a rat without a tail
I'll do, I'll do and I'll do.

Steevens in seinem Commentar zu dieser Stelle führt an, daß einige alte Schriftsteller bezeugen, eine Hexe könne in der Thierverwandlung nie geschwänzt erscheinen, und als Grund angeben, that though the hands and feet, by an easy change, might be converted into the four paws of a beast, there was still no part about a woman which corresponded with the length of tail common to almost all our four- footed creatures.

[3]) Leubuscher, Wehrw. p. 23 f.

[4]) De l'Ancre erinnert an den oben angeführten Gilles Garnier und erwähnt, daß noch andere Werwölfe so (Garnier, Grenier — Werner) geheißen haben. Ainsi ce nom est comme fatal aux loups-garoux. Tableau de l'Inconstance p. 312.

personnes en travers sur les chenets et des autres qui estoient en vne grande chaudière, et que la maison et chambre estoient fort grande et fort noire. Pierre habe weiter erzählt, daß er in der Haut zum Wolfe werde und schon Hunde getödtet habe; doch schmecke ihr Blut nicht so gut wie das von Kindern und Mädchen; er laufe so beim ab= nehmenden Mond jeden Montag, Mittwoch und Samstag eine Stunde umher und mit ihm zugleich neun seiner Nachbarn. — Der Knabe ge= stand zu, daß er dies Alles gesagt habe, und machte folgende Eröffnungen: sein Vater sei der Arbeiter Pierre Grenier, genannt le Croquant (der Lump), im Kirchspiel zu St. Antoine von Pizon, im Gerichtsbezirk von Coutras; er habe sein elterliches Haus im elften Jahre verlassen, um zu betteln. Auf der großen Straße von Coutras nach Monpon sei ein anderer Knabe Pierre zu ihm gestoßen und habe gesagt, daß ein Herr im Forst von St. Antoine wäre, der sie beide zu sprechen wünsche. Bald darauf hätten sie im Wald einen großen Herrn getroffen, schwarz gekleidet und schwarz beritten, [1]) dem sie guten Tag wünschten, weil es au soleil levant ge=

---

[1]) Der schwarze Reiter findet sich auch in der Urgicht des oben erwähnten Peter Burgot. Als ihm einst durch ein Gewitter seine Heerde zerstreut worden war und er suchend umherirrte, begegneten ihm drei schwarze Reiter; der letzte derselben redete ihn an, und als er die Ursache seines Kummers erfahren, rieth er ihm, in den Dienst seines Herrn zu treten, und es werde ihm nie an einem Helfer mangeln. Burgot erklärte sich dazu bereit, entsagte Gott und der heiligen Jungfrau und küßte knieend mit entblößtem Haupt zum Zeichen der Unterwerfung des Reiters linke Hand, die schwarz und eiskalt war gleich der eines Todten ꝛc. Wolfeshusius, De Lycanthropis p. 31. Leubuscher, Wehrw. p. 15. Dieser schwarze Monsieur de la Forest erinnert an den grand Veneur, den wilden Jäger: Als Heinrich IV. im Walde von Fontainebleau jagte, hörte er in der Ferne Hundegebell, Hörnerklang und gewaltigen Jagdlärm, der sich mit reißender Schnelligkeit näherte. Er schickte den Grafen von Soissons aus, um zu sehen, was das sei. Der Graf ritt vorwärts und hörte einen fürchterlichen Lärm, ohne zu wissen, woher er komme. Da erschien plötzlich ein langer schwarzer Mann im Dickicht, welcher rief: »M'entendez-vous?« und sofort wieder verschwand. — Das Land= volk glaubte, das sei Le Grand Veneur gewesen; Andere halten es für die Jagd des heiligen Hubert. Pierre Matthieu, Histoire de France, L. I., de l'an 1599. De l'Ancre, Tableau p. 312. Der Ort, wo der Schwarze erschien, ist an einem Kreuzweg nicht weit von der Stadt und heißt noch heut La Croix du Grand Veneur. Quarterly Review Vol. XXII. November and March, Lond. 1820, p. 371. Eine Erklärung der Erscheinung bei Collin de Plancy, Dictionnaire Infernal II., p. 381. Le grand veneur erwähnt Grimm, deutsche Myth. p. 895. Gervasius, Ausgabe v. Liebrecht, p. 199.

wefen fei; der Herr fei darauf abgeftiegen und habe fie mit eiskalter Lippen geküßt; dann fei er wieder zu Pferde gefeffen, habe ihnen das Verfprechen abgenommen, zu erfcheinen, wenn er nach ihnen verlange, und fei plötzlich aus ihren Augen verfchwunden. Sie feien in des fchwarzen Herren Dienft getreten, zum Zeichen habe er fie am linken Hinterbacken mit einem kleinen Stachel gezeichnet (et de faict Grenier auoit en la fesse gauche vne marque ronde en forme de petit cachet); fie hätten fein Roß abreiben müffen und wären dafür mit Wein von ihm bewirthet worden. Von diefem feinem Herrn bekomme er eine Wolfshaut, fo oft er fie verlange, er falbe fich am nackten Leib und werde zum Wolfe; dann laufe er in den Dörfern der Nachbarfchaft umher, wo er fchon mehrere Kinder gefreffen habe. Sein Vater fei gleichfalls Werwolf; drum habe fich die Stiefmutter von ihm getrennt, nachdem derfelbe einmal Stücke von Hundspfoten und Kinderhänden erbrochen habe; fie feien früher auch wohl zufammen auf Raub ausgegangen. Hie und da habe er den Herrn des Waldes in Gefellfchaft von anderen Männern gefehen; diefer habe ihm verboten, am Nagel des linken Daumens zu nagen; derfelbe behalte ihn auch, fo lange er Wolf fei, beftändig im Auge, denn fobald er ihn aus dem Geficht verlöre, würde er wieder zum Menfchen. Eine befondere Eigenthümlichkeit der Werwölfe fei, daß fie ihren Opfern die Kleider abziehen, ohne fie zu zerreißen.

Der Knabe wurde wegen feiner Jugend auf Lebenszeit in ein Klofter eingefchloffen, fein Vater freigefprochen (Bordeaux den 6. Sept. 1603). De L'Ancre befuchte den Jean Grenier fpäter und fand einen Jüngling von 20—21 Jahren, klein für fein Alter und von fchwachem Verftand, mit langen fchwarzen Zähnen und Nägeln; er bekannte, daß er jetzt noch Luft hätte, Mädchen zu freffen; zweimal habe ihn der Herr des Waldes im Klofter befucht und ihm große Reichthümer angeboten, wenn er zurückkehre, fei aber jedesmal durch das Zeichen des Kreuzes vertrieben worden. [1]

In den meiften diefer Fälle haben wir es ohne Zweifel mit der pathologifchen Lykanthropie, mit einem epidemifchen Wolfwahn=

---

[1] De l'Ancre p. 312.

finn zu thun. Eclatant ist besonders der Fall eines gewissen Jacques Roulet, der eingestand, als Werwolf Kinder getödtet zu haben. Der Lieutenant criminel von Angers verurtheilte ihn zum Tode; er appel= lirte jedoch an den obersten Gerichtshof zu Paris, und dieser erkannte, qu'il y avoit plus de folie en ce pauvre idiot que de malice et de sortilège, und gab Befehl, man solle ihn auf zwei Jahre in das Irren= haus Saint-Germain-des-Préz bringen, um ihn dort zu unterrichten und so weit in seinem Geiste wieder herzustellen, daß er zur Erkenntniß Gottes zurückgeführt werde, der ihm durch seine äußerste Armuth unbekannt ge= blieben sei. Dieß geschah im November 1598. [1]

In diesem krankhaften Wahn der Unglücklichen spiegelt sich der all= gemeine Aberglaube ihrer Zeit, und es brauchte lange, bis man sich zu diesen Erscheinungen so objectiv verhalten konnte, um ihr wahres Wesen zu erkennen. Leubuscher hat mit Recht diese französischen Werwolfprocesse seiner Monographie zu Grunde gelegt; wenn er aber die Sage überhaupt auf Geisteskrankheiten zurückführen will, so beirrt ihn hier sein einseitig medicinischer Standpunkt.

Die Literatur der pathologischen Lykanthropie ist sehr alt; schon Oribasius Sardianus unter Julian Apostata schrieb über diesen Wahnsinn, weiterhin der Araber Avicenna u. A. [2] Siehe Böt= tiger in Sprengels Beiträgen zur Geschichte der Medicin Bd. I, 2. Stück, Halle 1795, pag. 3—45, wieder abgedruckt in Böttigers Kleinen Schriften, gesammelt von Sillig, Dresden und Leipzig 1837, Bd. I., p. 135 ff. Friedreich, Versuch einer Literärgeschichte der Pathologie und Therapie. Würzburg 1830. p. 17 ff.

Die Krankheit beschreibt der englische Dichter Webster in der Her= zogin von Amalfi [3] folgendermaßen:

---

[1] Bosquet, la Normandie romanesque, Paris 1845, p. 229. Calmeil, folie I., 336. Leubuscher, Wahnsinn p. 107. Leubuscher, Wehrw. 22 f.

[2] Lycanthropia, which Avicenna calls Cucubuth, others Lupinam insaniam or Wolf-madness. Burton, Anatomy of Melancholy by Democritus Junior, Lond. 1849. p. 88. — Nach Görres (Christliche Mystik, Regensburg 1840, Bd. III., p. 268) bezeichnet man die Lykanthropie im Arabischen mit Chatrab — „von einem wasser- flohähnlichen über die Wässer hinlaufenden Thiere“.

[3] Act V., Sc. 2, s. Bodenstedt, Shakespeare's Zeitgenossen, Berlin 1858, Bd. I., p. 163.

Menschen, die geplagt
Von diesem Uebel sind, quält Einbildung
So trüber Art, daß sie sich für verwandelt
In Wölfe halten und im nächt'gen Dunkel
Zum Friedhof schleichen, Leichen aufzuscharren.
So fand man vor zwei Nächten unsern Herzog
Um Mitternacht in einem schmalen Gäßchen
Hinter der Marcuskirche, mit dem Beine
Eines Begrabenen auf der Schulter, und
Entsetzlich heulend sagte er dazwischen,
Er sei ein Wolf, nur mit dem Unterschiede,
Daß bei den Wölfen sich die rauhe Seite
Nach auswärts kehre und bei ihm nach einwärts,
Und er bat die Begegnenden, das Schwert
Zu ziehn und selbst zu prüfen, ob's nicht wahr sei.

Ganz ähnlich war die Aussage des Kranken, der vor den italienischen Arzt Pomponacius gebracht wurde. Bauern hatten ihn im Heu gefunden, und da er ihnen zurief, sie sollten sich aus dem Staube machen oder er werde sie fressen, fiengen sie ihn wie ein wildes Thier und begannen schon, ihn zu schinden, um zu erfahren, ob er wirklich das Wolfsfell nach-innen gekehrt hätte, als ihn der Arzt aus ihren Händen befreite. Er wurde durch Medicamente wieder geheilt. [1] — Einem Lykanthropen, der von einer Masse Volks umringt, den ganzen Schenkel eines Leichnams auf der Schulter forttrug, begegnete Donatus von Altomare aus Neapel. [2]

---

[1] Cammerarius, Operæ horarum subcisivarum sive meditationes historicæ, Francof. 1615, p. 828. — Collin de Plancy, Dictionnaire Infernal I., 389. — Schauplatz vieler ungereimten Meynungen, 2. Band, Berlin 1739, p. 590. Leubuscher, Wehrw. p. 13, Anm. 1. S. auch Job. Fincelius, De mirabilibus L. XI.: Ein Bauer in Pavia fiel im Jahr 1541 mehrere Leute auf dem Felde an und tödtete sie. Als man ihn fieng, behauptete er, Wolf zu sein und die Haare nach innen zu tragen. Da schnitten ihm die Richter — lupi truces voracesque — Arme und Beine ab, um die Wahrheit seiner Aussage zu untersuchen; er starb trotz der ärztlichen Behandlung in wenigen Tagen. Gödelmann, Von Zauberern, Hexen und Unholden, übers. von Nigrinus, Frankf. 1592, 4., p. 186. Goulart, Histoires admirables et memorables de nostre temps recueillies de plusieurs autheurs, I., p. 286—337, ed. 1620. — Bodin, Dæmonomania p. 236. Fischart's Uebers. p. 121. Remigius II., 184. — Dobeneck II., 176. Leubuscher, Wehrw. 13.
[2] De medendis humani corporis malis c. 9. — Leubuscher, Wehrw. p. 15.

— Webster hat wohl nach diesen beiden allbekannten Fällen das Bild seines lykanthropen Herzogs entworfen.

Das Wesen der pathologischen Lykanthropie ist ein thierischer Mord= trieb, eine wollüstig grausame Gier nach Blut und Menschenfleisch. Leu= buscher stellt sie mit einer Reihe ähnlicher Krankheitserscheinungen zu= sammen.[1]) Ich verweise den Leser auf seine Abhandlung und kehre zur französischen Werwolfssage zurück.

Als schnelle Dienerinnen des Teufels erscheinen einige weib= liche Werwölfe bei Nynauld:[2]) Ein Bauer, der beim Dreschen durch die beständigen Bitten seines Kindes um Wasser gestört wurde, rief endlich ärgerlich: »Le diable te bevel« Da brachen plötzlich fünf Werwölfinnen ein, raubten das Kind und brachten es dem Teufel, der ihm durch die große Zehe alles Blut im Leib aussaugte. Dann zerschnitten es die Hexen und sotten es in einem Kessel, theils um davon zu essen, theils um Salben zu bereiten. Dieß geschah in Cressi bei Lausanne im Jahr 1604. Alle fünf wurden in Lausanne verbrannt.[3])

Der Glaube an Hexen und Werwölfe hat in Frankreich am Abbé Bordelon seinen Cervantes gefunden. Dieser schrieb anonym die Aben= teuer von Monsieur Oufle[4]) (anagrammatisch: le fou), der durch das Lesen der vielen Zauber= und Hexenbücher verrückt wurde. Sehr ergötzlich sind die ersten Capitel des Buchs, wo erzählt wird, wie Mr. Oufle eines Abends in der Weinlaune eine Bärenmaske seines Sohns anzieht, um seine Frau zu schrecken, darüber aber einschläft und in der

---

[1]) Die Menschenfleischgelüste schwangerer Frauen, deren einige ihre Männer ermor= deten, um von ihrem Fleisch zu essen. Leubuscher p. 57. Verschiedene Kinderfresser p. 58 ff. Bichel, der Mädchenschlächter; Bertrand, der Leichenzerfleischer und Leichen= schänder u. s. w.

[2]) De la Lycanthropie, Paris 1615, p. 50.

[3]) Von einer andern Schweizer Hexe, die in Wolfsgestalt einen Arm verliert, s. ebend. p. 52.

[4]) Das Original war mir leider nicht zugänglich, dagegen eine gleichzeitige englische Uebersetzung: A History of the ridiculous Extravagancies of Monsieur Oufle, written originally in French by the Abbot B(ordelon), Lond. 1711. 8. S. eine deutsche in Danzig 1712 gedruckte Uebersetzung in Horst's Zauberbibliothek, Mainz 1822, Bd. III., p. 287 ff.

Nacht, durch einen plötzlichen Lärm geweckt, sich beim Befühlen seines zottigen Aeußern in einen Wolf verwandelt glaubt und mit grausigem Geheul durch die Straßen läuft, wo sich manch hübsches Abenteuer ereignet, bis ihn endlich sein vom Ball heimkehrender Sohn erkennt und nach Hause bringt.

Die Erinnerung an den Werwolf lebt noch in den heutigen französischen Volkssagen fort. So erzählt man in Poitou, daß dort die Werwölfe besonders zahlreich gewesen seien, man nannte sie la bête bigourne, qui court la galipode (?) [1] Wenn die Leute den Werwolf heulen hören, was immer in der Mitte der Nacht geschieht, so hüten sie sich wohl, den Kopf zum Fenster hinauszustrecken, weil sie dadurch einen verrenkten Hals bekämen. [2] Wenn man den Werwolf mit einer Gabel — oder nach Pluquet [3] mit einem Schlüssel — zwischen die Augen schlägt, so ist er entzaubert. [4]

Mlle. Bosquet [5] erzählt, daß erst im Anfang dieses Jahrhunderts der Glaube an Werwölfe in der Normandie erloschen sei. Der Werwolf war ein verfluchter oder ein von Gott abgefallener Mensch, der sieben Jahre lang allnächtlich in Wolfsgestalt umherschweifen mußte; doch konnte er auch vor Ablauf dieser Zeit erlöst werden, wenn man ihm, so lang er verwandelt war, drei Messerstiche auf der Stirne zwischen den Augen beibrachte, so daß Blut floß; waren aber die Stiche zu schwach und unblutig, so erneuerte sich die Macht des Satans über den Verwandelten und seine Erlösung war noch einmal auf sieben Jahre, von diesem Augenblicke an gerechnet, hinausgeschoben. Ebenso begann seine Buße von Neuem, wenn man ihn beim Namen nannte. — In anderen Gegenden glaubte man, der Werwolf müsse nur vier Jahre umherschweifen. Die Wolfshaut hieß normannisch hure. Der Werwolf mußte während seiner Verwandlung fasten, bei seinen nächtlichen Wanderungen vor jedem

---

[1] Collin de Plancy, Dict. inf. I., 388.
[2] Ebend.
[3] Contes populaires etc. p. 15.
[4] Collin I., 388.
[5] La Normandie romanesque et merveilleuse par Amélie Bosquet. Paris 1845, chap. XII.

Kreuz Halt machen und sich von unsichtbaren Händen geißeln lassen. [1])
Auch ritt ihn oft der Teufel durch Dick und Dünn, und am andern
Morgen trug er nach seiner Rückverwandlung die Schrammen und
Wunden an seinem Menschenleib. — Im Departement La Manche glaubt
man, daß man siebenmal excommuniciert worden sein oder seine Seele um
irdische Güter dem Teufel verkauft haben müsse, um Werwolf zu werden.
In dieser Gegend schweiften die Werwölfe in den manichfaltigsten Gestalten zwischen Weihnacht und Lichtmeß umher. — Im Gebiet von Pont-
Audemer schweiften sie dagegen nur zur Adventszeit; man nannte das
courir le varou, in der Niedernormandie guérou. — Im Bezirk Cor-
meilles war ein Pächter im Verdacht des courir le varou, und um
sich dessen zu vergewissern, verhinderten ihn seine Leute eines Abends,
die Thüre zu gewinnen. Doch als die verhängnißvolle Stunde kam,
ergriff er einen Besenstiel, setzte sich rittlings darauf und fuhr durch das
Kamin davon. — Wenn man den Werwolf tödten will, muß man eine
geweihte Kugel haben und darf Niemand seine Absicht mittheilen; hat
man diese Vorsicht angewandt, so braucht man nicht auf den Wolf selbst,
sondern nur auf seinen Schatten zu zielen; Einige sagen sogar, man
könne ihn auf keine andere als diese Weise treffen. — Der sterbende
Werwolf erreicht nie mehr sein Haus, sondern bleibt in einiger Entfernung
von demselben liegen, meist in der Nähe eines unbewohnten Gebäudes.
Im Sterben verwandelt er sich in seine Menschengestalt, nur ist sein
Wuchs bedeutend größer und ein Bein länger als das andere.

Häufig ist der Werwolf auch die verwandelte Leiche eines
Verdammten, der, den Qualen seines Grabes zu entrinnen, Sarg und
Hügel durchbricht, um in der Nachtluft umherzuschweifen, wiederum
ein Anklang an die Vampyrsage. Zuerst beginnt der friedlose Leichnam
das Schweißtuch, das ihm über dem Angesicht liegt, zu benagen und
aufzuzehren. Dann hört man schreckliche Klagetöne aus der Erde herauf,
er hebt die Decke über sich empor, und Flammen der Hölle schlagen
heraus. Aber der Pfarrer wacht über die Gräber, und wenn er nächt-

---

[1]) Dubois, Annuaire statistique de l'Orne 1809. Man sieht, die Sage ist hier
völlig christianisiert.

licher Weile jenes Geschrei vernimmt, so gräbt er unter Beihülfe des Sakristans mit einem Spaten den Leichnam aus, schneidet ihm den Kopf ab und trägt diesen, nicht ohne Anfechtungen von Seiten höllischer Hunde, zum nächsten Fluß, wo er ihn versenkt. Das verfluchte Haupt aber ist so schwer, daß es nicht nur sofort auf den Grund fällt, sondern sich langsam durch die Erde hinabbrückt zu der Stätte seiner ewigen Qualen.

Von König Johann ohne Land gieng die Sage, daß er nach dem Tode als Werwolf umgegangen sei. Ein alter normannischer Chronist berichtet, daß die Mönche von Worcester in Folge eines schrecklichen Lärms, den sie über seinem Grabe vernahmen, sich genöthigt sahen, seinen Leib auszugraben und ihn aus der geweihten Erde zu werfen. Ainsi se trouva complètement réalisé le funeste présage attaché à son surnom de Sans-Terre, puisqu'il perdit de son vivant presque tous les domaines soumis à sa suzeraincté, et que, même apres sa mort, il ne put conserver la paisible possession de son tombeau. [1])

Eine andere Art von gespenstigen Werwölfen scheinen die L u b i n s zu sein, welche in Schaaren die Kirchhöfe heimsuchen, um die Leichen auszugraben; sie werden angeführt von einem großen schwarzen Lubin, der, sobald Menschen der Heerde nahen, ausruft: Robert est mort! Robert est mort! worauf sich die ganze Schaar auf die Flucht begibt. [2])

Auch das Gespenst eines wirklichen Wolfs, den Saint Loup im fünften Jahrhundert mit seiner Stola gefesselt und im Flusse Drôme ertränkt hat, daher La bête Saint Loup genannt, zeigt sich in der Gegend von Bayeux. [3])

---

[1]) Bosquet p. 238. Gabr. Dumoulin, Histoire de Normandie, L. XIV., p. 259. — Bei Gelegenheit dieses königlichen Werwolfs muß ich folgende Andeutung Bodins erwähnen: Et se trouvent plusieurs liures publiéz en Allemaigne, que l'un des plus grands Roys de la Chrestienté, qui est mort n'a pas longtemps, souvent estoit mué en loup, et qui estoit en reputation d'estre l'un des plus grands Sorciers du monde. Demonomanie. Paris 1587, p. 108, ed. Francof. 1604, p. 237. Fischart's Ueberf. p. 121. Remigius II., 185. Bobin schrieb in der zweiten Hälfte des sechzehnten Jahrhunderts. Wen er mit diesem kürzlich verstorbenen königlichen Zauberer meint, konnte ich nicht erfahren.

[2]) Ausland vom 7. September 1837: Briefe aus der Normandie, Bayeux. Aehnlich bei Pluquet, Contes p. 14.

[3]) Pluquet, Contes populaires, Rouen 1834, p. 17.

Von normannischen Hexenkatzen, welche im Schlosse Vernon entdeckt wurden, berichtet Bodin. [1]) Von der Erscheinung eines kettenklirrenden Hundes — Le Rongeur d'os — in Bayeux erzählen Pluquet [2]) und Bosquet [3]) mit der Bemerkung, daß dieß ein von Zauberern oder vom Teufel verwandelter Mensch sei. — Ein in der Gegend von L'Aigle und besonders in Tourouvre häufig gesungenes Volkslied erzählt von einem Mädchen, das bei Nacht als Hindin im Walde schweifen muß, wo es sein eigener Bruder Lion jagt und schließlich erlegt.

> Mandons le dépouilleur
> Qu'il dépouille la biche.
> Celui qui la dépouille
> Dit: »Je ne sais que dire:
> Elle a les cheveux blonds
> Et le sein d'une fille.« [4])

In der keltischen Bretagne, welche die Heimath der oben besprochenen Lais von Bisclaveret und Melion war, hat sich der Glaube an Werwölfe noch bis auf unsere Zeit erhalten. Die Wolfsgestalt dient hier den Zauberern als beliebte Verkleidung, wenn sie zum Hexensabbath fahren. So sagt La Tour d'Auvergne-Corret: [5]) Dans l'opinion des Bretons ces mêmes hommes (les sorciers) se revêtent pendant la nuit de peaux de loups et en prennent quelque fois la forme, pour se trouver à des assemblées où le démon est supposé présider.

Auch die Kelten jenseits des Kanals kennen diese Verwandlung. Einer wälischen Werwölfin erwähnen die Mabinogion. [6]) Joseph Walker in seinem satirischen Gedicht auf die irischen Zustände [7]) sagt:

---

[1]) Dæmonomania, Francf. 1604, p. 236. Fischart's Ueberf. p. 121. Remigius II., 184.

[2]) Contes p. 16.

[3]) La Normandie p. 236.

[4]) Antiquités de la ville de l'Aigle et de ses environs par G. Vaugeois, 1841, p. 584. — Bosquet p. 81 ff.

[5]) Origines Gauloises, celles des plus anciens peuples de l'Europe, Paris an Vᵐᵉ de la Rép. Franç., p. 39.

[6]) San Marte, Beiträge zur bretonischen Heldensage (Bibliothek der deutschen Nat.-Lit. Abth. II., Bd. 3) p. 32 und 65.

[7]) Historical Memoirs of the Irish Bards, Lond. 1786, 4., p. 149.

The next strange story, which his ears
Received, was of some wolves and bears,
Who once were men of worth and fame,
But by enchantment brutes became
And wou'd (if tales sing truth) obtain
Their former human shape again.

Camben [1]) berichtet von der Graffchaft Tipperary in Irland, dort gehe die Sage von Menschen, die jedes Jahr in Wölfe verwandelt würden; er versichert jedoch, daß er nicht daran glaube.

Ein älteres Zeugniß lesen wir bei Giraldus Cambrensis: [2]) Ein Priester wurde auf seiner Wanderung de partibus Ultoniæ versus Mediam von einem Wolfe nächtlicher Weile angesprochen: De quodam hominum genere sumus Ossyriensium (Ulster), unde quolibet septennio per imprecationem Sancti cujusdam, Natalis scilicet abbatis, duo, videlicet mas et fœmina, tam a formis quam finibus exulare coguntur. Formam enim humanam prorsus exuentes induunt lupinam. Completo vero septennii spatio, si forte superstites fuerint, aliis duobus ipsorum loco simili conditione subrogatis, ad pristinam redeunt tam patriam quam naturam. [3]) — Der Wolf führte hierauf den Priester zu seiner Unglücksgenossin, damit er ihr, die am Sterben lag, die heilige Wegzehrung gebe, und um ihn ihres Menschenthums zu versichern, streifte er ihr mit der Pfote die Wolfshaut vom Kopf bis zum Nabel herunter et ita statim expressa forma vetulæ cujusdam apparuit. Der Priester gab ihr das Sakrament und der Wolf zog ihr hierauf das Fell wieder über den Kopf. [4]) — Höchst merkwürdig ist hier die Ueber= einstimmung mit der uralten arkadischen Werwolfssage in Betreff der regelmäßig sieben Jahre währenden Verwandlung; dieser Zug mag in das dunkelste Alterthum hinaufreichen, wo die Kelten mit den übrigen

---

[1]) Britannia by W. Camden translated by Rich. Gough. sec. Edit. Lond. 1806. fol. Vol. IV., p. 293.

[2]) Topographia Hiberniæ L. II., c. 19, aus der zweiten Hälfte des 12. Jahrh.

[3]) Diese Stelle findet sich auch in dem neu edierten Eulogium Historiarum sive Temporis aus dem 14. Jahrhundert, herausgegeben von Haydon unter den Rerum Britannicarum medii ævi scriptores, Lond. 1860. II., p. 129.

[4]) Gervasius, herausgeg. von Liebrecht, p. 161.

inbogermanischen Stämmen noch in innigem Verkehr standen. Der ver=
fluchende Heilige ist an die Stelle eines beleidigten Gottes getreten; bei
der Deutung mag auch hier an periodisch wiederkehrende Sühnopferfeste
zu denken sein.

Die keltischen Hexen verwandeln sich vorzugsweise in Hasen und
saugen an den Kühen. Giralbus erzählt davon in seiner Topographia: [1]
Vetulas quasdam tam in Gwallia (Wales) quam in Hibernia et in
Scotia se in leporinam transmutare formam, ut adulterina sub specie
ubera sugendo lac alienum occultius surripiant, vetus quidem et
adhuc recens frequensque querela est. [2] — Dieß bezeugt auch das
Eulogium Historiarum [3]): in formam leporinam dicunt se transmutare,
ubera vaccinea sugendo, alienum lac furendo, leporarios magno cursu
fatigando. — Siehe weiterhin die irische Sage von der alten Frau,
welche in Hasengestalt die Euter einer grasenden Kuh aussaugte, von
Hunden gebissen und an ihren Wunden hernach erkannt wurde, in Folge
deren sie starb. [4] — Der Glaube lebt noch jetzt in Schottland: Athe-
näum November 1846 p. 1141: She has been seen a hundred
times milking the cows in the shape of a hare. [5]

Im Osten Europas hat der Werwolf seine unheimlichste Gestalt
durch die Verbindung mit dem Vampyr erhalten. Bei dem größten Theil
der slavischen Stämme gehen nämlich beide Vorstellungen in einander
über. Der serbische Name für Werwolf ist vukodlak, eigentlich Wolfs=
pelz (dlaka serbisch Haar, altböhmisch tlak Schamhaare), polnisch wilkolak, böhmisch wlkodlak, bulgarisch und slovakisch vrkolak, weiß=
russisch wawkalak, dalmatisch vakudlak, griechisch βρύκολαξ; [6] dieselben
Wörter werden auch für Vampyr gebraucht.

In den älteren Sagen ist diese Vermischung der Vorstellungen von

---

[1] L. II., c. 19.
[2] S. Gervasius, herausgeg. von Liebrecht Anm. 7.
[3] Vol. II., p. 127.
[4] Erin v. K. v. K. Stuttg. u. Tüb. 1847. Bändchen 3: Sagen und Mährchen
p. 127 ff., und mehrere Beispiele in den Anmerkungen p. 282.
[5] S. auch Grose, Glossary of provincial words, im Anhang: Superstitions p. 26.
[6] Lettisch wilkats. Grimm, D. M. 1048.

Werwolf und Vampyr noch nicht bemerkbar. Hieher gehört nach Sha=
farik[1]) Herobots Bericht von den Neuren, welche jedes Jahr einige
Tage zu Wölfen wurden: L. IV., c. 105: λέγονται γὰρ ὑπὸ Σκυϑέων
καὶ Ἑλλήνων τῶν ἐν τῇ Σκυϑικῇ κατοικημένων ὡς ἔτεος ἑκάστου ἅπαξ
τῶν Νευρῶν ἕκαστος λύκος γίγνεται ἡμέρας ὀλίγας καὶ αὖτις
ὀπίσω ἐς ταῦτα κατίσταται ἐμὲ μὲν νυν ταῦτα λέγοντες οὐ πείϑουσι. —
Neuri statis temporibus in lupos transfigurantur, deinde exacto spatio,
quod huic sorti attributum est, in pristinam faciem revertuntur. Solinus Polyhistor c. XV., 2. Herobot erwähnt sonst noch, daß die Neuren
scythische Gebräuche hätten, unter welchen er an einer andern Stelle
(L. IV. c. 62) besonders die Menschenopfer hervorhebt. Solinus[2]) und
Pomponius Mela[3]) zählen die Neuren gleichfalls zu den Völkern, welche
ihrem Schlachtengott die Gefangenen opfern.

Aus dem Mittelalter haben wir Berichte von Olaus Magnus:[4])
In Liefland verwandeln sich alljährlich zur Weihnachtszeit unzählig viele
Menschen durch Zaubertränke in Wolfsgestalt; sie kommen zusammen in den
Ruinen einer alten Burg auf der Grenze zwischen Liefland, Kurland uud
Samogitien; unter den Trümmern steht noch eine hohe Mauer, welche die
Werwölfe zu überspringen haben; wessen Kräfte hiezu nicht ausreichen
(und zwar bleiben während der Verwandlung die Kräfte des Menschen
dieselben wie zuvor), der wird von den diabolischen Führern der Schaar
gegeißelt. Hierauf durchziehen sie nächtlicher Weile das Land und hausen
schlimmer als natürliche Wölfe; sie fallen mordend, raubend und zer=
störend in die Wohnungen, fressen Thiere und Menschen und saufen das
Bier aus den zertrümmerten Fässern. — Nach Majolus[5]) werden die

---

[1]) Grimm, D. M. 1049 f.

[2]) Populis istis Deus Mars est: pro simulacris enses colunt. Homines victimas
habent. a. a. O.

[3]) Mars omnium Deus; ei pro simulacris enses et cinctoria dedicant homines-
que pro victimis feriunt. De situ orbis L. I., c. 1, 13.

[4]) Historia de gentibus septentrionalibus, Romæ 1555, L. XVIII., c. 45.
Deutsch in Bunge's Archiv für die Geschichte Liv=, Esth= und Kurlands, Bd. IV.,
Dorpat 1845, p. 101 ff.

[5]) Dier. canicul. Helenopoli 1612 II., colloq. 3.

Werwölfe durch einen hinkenden Knaben gesammelt, der durch die Dörfer geht und die Diener des Teufels zusammenruft; die Säumigen werden von einem großen, langen Mann mit einer Peitsche von Eisendraht und Kettlein geschlagen. Die Spuren der Hiebe soll man noch lange an den Leibern der Mißhandelten erblicken können. Sie schwimmen über einen Fluß und werden dadurch zu Wölfen. [1] Als solche zerfleischen sie das Vieh; aber Menschen zu verletzen ist ihnen nicht gestattet. Wenn sie an ein Wasser kommen, so spaltet es der Führer mit einem Geißelschlag, und alle kommen trockenen Fußes hinüber. Nach zwölf Tagen werden sie wieder zu Menschen. [2] — Olaus erzählt weiter: Ein Edelmann reiste durch einen Wald mit seinem Gefolge, worunter einige zauberkundige Bauern waren. Sie fanden kein Obdach für die Nacht und waren sehr hungrig. Da erbot sich einer der Diener, ihnen ein Lamm von einer in der Ferne waidenden Schafheerde zu bringen, wenn sie sich bei Allem, was sie sehen sollten, ruhig verhielten. Darauf schlüpfte er in das Dickicht, verwandelte sich in einen Wolf und raubte als solcher ein Lamm aus der Heerde, das seine Gefährten freudig in Empfang nahmen. Dann kehrte er aus dem Walde wieder als Mensch zurück. [3] — Aus der neueren Zeit ist folgende liefländische Erzählung: Die Gattin eines Edelmannes sprach gegen einen ihrer Leibeigenen den Zweifel aus, ob die Verwandlung von Menschen in Wölfe möglich sei. Jener aber versprach ihr, er wolle, sobald sich nur eine passende Gelegenheit darböte, den Beweis liefern, gieng darauf allein in sein Zimmer, und bald lief ein Wolf über das Feld hin. Hunde verfolgten ihn und rissen ihm trotz

---

[1] Boissardi Tractatus Posthumus p. 54. S. die arkadischen Werwölfe p. 37.

[2] S. auch Boissardi Tractatus posthumus p. 54. Peucerus, Commentarius de præcipuis divinationum generibus 1591, p. 169. Peucer hielt die Geschichte, wie er versichert, lange für eine Fabel, bis ihn die Berichte von Kaufleuten, die viel in Liefland reisten, überzeugten (Dobeneck II., 163. Bosquet, la Normandie p. 226). Simplicissimus von Grimmelshausen, herausgegeben von Keller, Stuttg., Literar. Verein 1854, Bd. II., p. 907: die Unteutsche hinder Liffland, die sich zu gewissen Zeiten des Jahrs in Werwölff verwandlen. — Schottus, Physica curiosa, Herbipoli 1662, c. 26. — Grimm, Deutsche Sagen, Nr. 215. Bechstein, Sagenbuch p. 216. — Leubuscher, Wehrw. 5 ff. u. f. w.

[3] Leubuscher p. 6.

seiner hartnäckigen Vertheidigung ein Auge aus. Am andern Tag erschien der Leibeigene einäugig vor seiner Herrin. [1])

Auch das benachbarte Kurland ist reich an Werwölfen, s. die Abhandlung von Rhanäus in Supplement III. der Breslauer Samm= lungen von Kanolb 1728: Der Werwolf Wepster Mickel, der sich in Fleisch einen guten Tag machen will, wird von seinem Weibe Lebba ge= warnt, in die Heerde seiner Herrschaft zu fallen, da diese von bösen Hunden bewacht werde. Er thut es dennoch und wird vom Herrn selbst geschossen, so daß er wüthend nach Hause hinkt und im Zorn seinem eigenen Pferd die Gurgel durchbeißt (angeblich vom Jahr 1697). — In einer andern Erzählung hört ein Jäger, der auf einen Haufen Wölfe schießen will, eine Stimme aus dem Haufen: „Gevatter, Gevatter, schieß nicht! Es wird nicht gut werden!" (im Jahr 1684). — Zu einem ver= hafteten Lykanthropen wird ein Bauer in's Gefängniß gebracht, der ihn bitten muß, die Kuh eines andern Bauern, der ihn heftig beleidigt habe, zu zerreißen. Der Gefangene verspricht es nach langem Weigern auf die folgende Nacht, und als der Bauer den Tag darauf wieder in's Ge= fängniß kommt, giebt er ihm die Versicherung, daß es gethan sei. Die Kuh wird wirklich im Stall zerrissen gefunden; an dem Gefangenen aber hatten die hiezu bestellten Wächter nichts bemerkt, als daß er die Nacht in tiefem Schlafe gelegen und nur eine kleine Zeit mit dem Haupt und den Händen und Füßen einige Bewegungen gemacht habe. [2]) — Hauber [3]) erzählt, wie in einem kurländischen Krug ein Bauer mit seinem Glas an den Tisch einiger Deutschen trat und zu einem, der die Sprache nicht verstand, sagte: »Pusdo dac man güntzig!» zu deutsch: „Es gilt dir wie mir, mein Herr!" Der Angeredete, welcher aus den Geberden abnahm, daß ihm der Bauer eins zugebracht, wollte ihm zu deutsch den Trank gesegnen. Aber es wurde ihm sofort von seinem ihm zur Seite sitzenden Landsmann der Mund zugehalten und auch den übrigen Fremden ver=

---

[1]) Leubuscher p. 6.

[2]) S. Sprengel, Beiträge zur Geschichte der Medicin, Bd. I., 2. Stück, p. 65 ff. — Leubuscher 9 f. S. oben p. 9. Nr. 4.

[3]) Bibliotheca Magica, 29. Stück, 1742, p. 286.

boten, auf das Zutrinken ein Zeichen zu geben. Der Bauer aber wurde geschlagen, bis Blut kam, und dann hinausgeworfen. Als die Fremden um den Grund dieser Handlungsweise fragten, würde ihnen erklärt, daß jeder, der den Trunk des Bauern gesegnet hätte, des Abends für gewiß zu einem Werwolf, „jener aber dessen lebig worden wäre", solche „böse Anführung" sei schon vielen der Sprache unkundigen Deut=schen begegnet. Deßhalb hätte der Bauer von den Andern „auch wider ihren Selbstwillen einig zu seinem Besten müssen geschlagen werden." Auch wurden dem Deutschen am folgenden Morgen eine Menge solcher nach Hause laufender Werwölfe gezeigt, welche sich vom natürlichen Wolf dadurch unterschieden, daß sie den Schwanz wie ein gerades Scheit oder Stück Holz ausreckten, während der gewöhnliche Wolf ihn unter sich und zwischen die Beine hängen läßt. [1] — Die Werwölfe in Kurland hassen die Hexen und bringen sie um, wo sie nur können. [2] Dieß erinnert an den Haß des Wodansheers, der wilden Jäger, gegen die Moosweibchen.

In Polen finden sich gleichfalls Spuren von jenen alten Wer=wölfen, welche jährlich eine gewisse Zeit umgehen, und zwar geschah dieß nach dem Glauben des Mittelalters zweimal des Jahrs, um Weihnacht und zur Johannisfeier. [3] In der neueren Sage ist der wilkolak jedoch meist das Opfer der Rache einer bösartigen Zauberin: Als einst junges Volk an der Weichsel tanzte, brach ein Wolf in ihre Reihe und schleppte die schönste Dirne des Dorfs davon. Die Bursche folgten ihm, aber da sie ohne Waffen waren, entkam der Wolf mit seiner Beute in den Wald. Nach fünfzig Jahren, als die Dorfjugend eben auf demselben Platze wieder sich belustigte, erschien ein trauriger eisgrauer Mann, in dem ein Greis des Dorfs seinen längst verlorenen Bruder erkannte. Dieser er=zählte, wie ihn einst eine böse Hexe zum Werwolf verflucht habe, wie er das schöne Mädchen am Erndtefest geraubt und wie das arme Kind ein Jahr darauf vor Kummer im Walde gestorben sei. „Von nun an," fuhr

---

[1] Dieß ist aus einem Buch: Simia Dei oder von der Nordschwedischen Hexerei p. 102.

[2] S. die Stelle aus Majolus bei De l'Ancre, Tableau de l'Inconstance p. 307 ff. A. Lercheimer, Christlich Bedenken, Scheibles Koster V., p. 302.

[3] Hanusch, die Wer-Wölfe oder Blko-Dlaci in Wolf's Zeitschr. f. D. M. 10, p. 197.

er fort, „warf ich mich mit wüthendem Heißhunger auf alle Menschen." Dabei zeigte er seine noch ganz mit Blut besprißten Hände. „Vier Jahre schon irre ich nun von Neuem in Menschengestalt umher und bin ge= kommen, um meine Heimat noch einmal zu sehen, denn bald muß ich wieder zum Wolfe werden." Kaum hatte er dieß gesagt, als er in Wolfsgestalt auffsprang und heulend davonlief, um nie mehr gesehen zu werden. ¹) — Von einem Andern wird erzählt, daß ihn eine Hexe, die in ihn verliebt war und die er abgewiesen hatte, in einen Werwolf ver= wandelte. Er hatte troß seiner Thiergestalt Abscheu vor rohem Fleisch und nährte sich von Milch, Brot und anderen Speisen, die er den Schnittern im Feld abjagte. So trieb er sich, ohne zu schlafen, Jahre lang umher, bis ihn einst große Müdigkeit überkam und er einschlief. Beim Erwachen sah er sich wieder zum Menschen geworden und lief nackt, wie er war, in sein Dorf, wo er übrigens Alles verändert fand. ²) — Ein Bauer war sieben Jahr Werwolf gewesen; da löfte sich der Hexen= fluch und er kehrte nach seiner Hütte zurück. Dort fand er aber seine Frau mit seinem früheren Knecht verheirathet, und im Zorn rief er aus: „O warum bin ich kein Werwolf mehr, um dieses böse Weib zu strafen!" Doch kaum hatte er diese frevelhaften Worte gesprochen, als er, auf's Neue zum Wolf geworden, auf seine Frau losstürzte, das Kind, das sie von dem Knecht empfangen hatte, verschlang und ihr selbst tödtliche Bisse verseßte. Die Nachbarn liefen zusammen und erschlugen ihn; doch als Licht kam, entdeckten sie statt eines todten Wolfs die Leiche des ihnen wohlbekannten Mannes. ³) — Eine Hexe kam auf eine Hochzeit, drehte ihren Gürtel zusammen, legte ihn auf die Schwelle und goß einen aus Lindenholz gebrauten Trank den Leuten unter die Füße. Als darauf die Neuvermählten mit den Gästen über die Schwelle traten, wurden sie als= bald in Wölfe verwandelt. So liefen sie drei Jahre mit furchtbarem Geheul um das Haus der Hexe. Am Tag, da der Zauber um war, trat diese mit einem Pelz heraus, dessen Haare nach außen gewandt

---

¹) Woycicki, Polnische Volkssagen und Märchen, Berlin 1839, p. 48.

²) Ebend. p. 49 ff.

³) Ebend. p. 51.

waren; damit bedeckte sie einen Werwolf um den andern und gab ihnen dadurch die menschliche Gestalt wieder. Dem Bräutigam ließ sie den Wolfsschwanz unbedeckt, und so verblieb ihm dieser. Dieß geschah im Jahr 1821 oder 22. [1] — Von andern Hochzeitgästen wird erzählt, daß sie von einem Soldaten, den der Bräutigam mit Hunden weghetzte, zu Werwölfen verwünscht wurden. Nach einigen Jahren wurden auf einer großen Wolfsjagd drei Werwölfe getödtet, unter dem Fell des einen fand man eine Geige, unter dem des zweiten das Hochzeitgewand des Bräutigams und unter dem dritten den Putz der jungen Braut. [2] — Man kann den Werwolf dadurch entzaubern, daß man ihm geweihtes Brot und ein gebratenes Ferkel vorwirft und ihm dann mit einer Heugabel auf den Kopf schlägt. [3] Man vergleicht in Polen starke Esser und muthige Krieger mit Werwölfen.

Die Russen nennen den Werwolf oboroten, was verwandelt und behende zugleich bedeutet. [4] Eine alte viel citierte Geschichte ist die von dem Werwolf, den der Großherzog der Moskowiter verhaften ließ und fragte, ob es wahr sei, daß er sich in einen Wolf verwandeln könne. Der Zauberer bejahte es, gieng etwas abseits, so weit die Ketten reichten, an denen er von den Knechten gehalten wurde, verrichtete seinen Zauber und erschien plötzlich in furchtbarer Wolfsgestalt. Der Großherzog hatte aber schon zwei große Jagdhunde bereit, die den gefesselten Wolf erwürgten. [5] — Wer ein Werwolf werden will, sucht im Walde einen abgehauenen Stamm, steckt ein kleines kupfernes Messer hinein und umwandelt den Stamm, indem er folgende Beschwörung murmelt:

Auf dem Meer, auf dem Ocean, auf der Insel auf Bujan (?),
Auf der leeren Trift scheint der Mond auf einen Espenstamm,
In den grünen Wald, in das dunkle Thal,
An dem Stamm geht ein zottiger Wolf,
Auf den Zähnen ist ihm alles gehörnte Vieh.

---

[1] Ebend. p. 66.
[2] Ebend. 67.
[3] Ebend. 68.
[4] Hanusch, Wolf's Zeitschr. IV., 197.
[5] Crantzius, Historia Daniæ L. I., c. 32. — Happelii Relationes Curiosæ, Hamb. 1687, III., p. 487.

Aber in den Wald geht nicht der Wolf hinein,
Aber in das Thal schleicht nicht der Wolf hinein.
Mond, Mond, golden Hörnchen,
Mache flüssig die Kugeln, stumpfe die Messer,
Zertrümmere die Knotenstöcke,
Lasse los die Furcht auf das Gethier,
Den Menschen und die Gewürme,
Daß sie den grauen Wolf nicht fangen,
Seinen warmen Pelz nicht schinden!
Mein Wort ist fest, fester als der Schlaf und das Wort des Helden!

Dann springt er dreimal über den Stamm und läuft als Wolf in den Wald. [1]

In der russischen und rusinischen Weihnachtsfeier spielen Vermummungen in Wölfe durch umgehängte Bilcuren (Wolfspelze) eine Hauptrolle. Die so Verkleideten rennen auf den Gassen umher und necken und peinigen in Haus und Hof, wen sie erhaschen, [2] — jedenfalls Spuren eines alten Winterfestes, wo, was jetzt Scherz und Spiel ist, von furchtbar blutigem Ernst gewesen sein mag.

In Weißrußland sind die Werwolfssagen ganz besonders zu Hause; [3] dort ist der wawkalak ein vom Teufel geholter Mensch, mit dem jedoch selbst dieser nicht fertig werden kann und ihn deßhalb als Wolf zu seinen Verwandten heimschickt. Diese erkennen ihn auch als einen der Ihrigen an und reichen ihm Speise, die er gutmüthig nimmt, Niemand beschädigt und nur in ewiger Unruhe garstig heulend umherläuft. [4]

In der Bulgarei herrschte früher große Angst vor Werwölfen, wie aus Luitprands Descriptio legationis ad Nicephorum Phocam ersichtlich ist. [5]

Auch in Mytilene und auf den kleinasiatischen Küsten fürchten

---

[1] Rußwurm, Aberglaube in Rußland, nach Sacharow, Wolfs Zeitschrift für D. M. IV., 156.

[2] Hanusch, Wolfs Zeitschr. IV., 196.

[3] Grimm, D. M. 1049.

[4] Hanusch, a. a. O. IV., 196.

[5] S Horst, Dämonomagie I., p. 71. — Zauberbibliothek I., 250.

sich Jung und Alt vor den Werwölfen zur Weihnachtszeit und in der Charwoche. ¹)

Bei den Slowaken heißt ein starker Trinker vlkodlac. — Ein slowakisches Werwolfmärchen hat Hanusch in Wolfs Zeitschrift f. D. M. IV., 244 ff. übersetzt: Ein Mann hatte neun Töchter, die alle heirathsfähig waren, aber die jüngste war die schönste. Der Vater war ein Werwolf. Einst kam es ihm in den Sinn, daß er so viele Töchter nicht länger ernähren wolle, und er beschloß, sie zu tödten. Als er eines Tages, um Holz zu fällen, in den Wald gegangen war, brachte ihm die älteste Tochter das Essen; da führte er sie an eine Grube und stürzte sie hinab; ebenso machte er es mit den übrigen Mädchen bis auf die Jüngste. Diese kam zuletzt auch in den Wald, brachte ihm Gekochtes und fragte nach den Schwestern. Er antwortete: „Sie schichten dort im Thale Holz, gleich werden wir hingehen." Dann führte er auch sie zur Grube und sprach: „Kleide dich aus! Ich werde dich hier hinabstürzen zu deinen Schwestern." Sie antwortete unerschrocken: „So bitte ich Euch denn, Euch wegzukehren, während ich mich auskleide, denn ich schäme mich gar sehr." Der Alte kehrte sich ab und sie stieß ihn rasch entschlossen in die Grube; dann nahm sie ihre Kleider und entfloh. Der Werwolf aber fiel sich nicht zu todt, sondern kletterte aus der Grube wieder hervor und verfolgte sie. Dabei brüllte er, daß alle Thäler und Berge wiederhallten. Das Mädchen aber warf ihm, als er näher kam, ihr Halstuch hin, und rief: „Du erjagst mich nicht, so lange du dieß Tuch nicht in Stücke reißest, zerfaserst, zusammenspinnst, webst und von neuem zusammennähst." — Der Werwolf machte sich über das Tuch her, zerriß es und that Alles, was sie ihm aufgegeben; dazu brauchte er nicht eine halbe Stunde, und bald war er ihr wieder auf den Fersen. Da warf sie ihm mit den gleichen Worten den Rock (kamza) hin und darauf das Kleid (rub), dann das Achselhemd (oplecko), dann das Leibchen (kamizol) und zuletzt das Hemd (koseln). Nun hatte sie nichts mehr, und als sie ihn von neuem hinter sich brüllen hörte, kam sie just auf ‘ine Wiese, wo Heuhaufen standen, und verbarg sich in den kleinsten.

---

¹) Hanusch, a. a. O.

Der Werwolf warf die großen Haufen alle durch einander, den kleinsten aber ließ er unberührt, da er sie nicht darunter vermuthete, und gieng fluchend von bannen. Nach drei Tagen kam ein König nach der Jagd auf die Wiese, um sein Mittagsmahl zu halten; der fand das nackte Mädchen und nahm sie zur Frau. Sie stellte zuvor nur eine Bedingung, daß er nie einen Bettler über Nacht in seinem Schlosse lasse. Sie lebten glücklich zusammen und bekamen zwei Söhne. Da erschien einst ein Bettler im Schloß und wußte die Pförtner zu überreden, daß sie ihn die Nacht im Geheimen dort zubringen ließen. Um Mitternacht schlich er sich in das Zimmer, wo die Königssöhne schliefen, schnitt beiden die Hälse ab und legte das blutige Messer unter das Kissen der Königin. Darauf verschwand der Bettler aus dem Schlosse. Der König aber ließ seiner Frau die beiden Leichen an den Hals binden und verjagte sie. Nach langem Umherirren fand sie einen Einsiedler, der sie zu einer Eidechse wies, welche im Mund ein heilendes Kraut hatte, sie bestrich damit die Wunden der Kinder, worauf diese zum Leben zurückkehrten. Sie blieb mit ihnen in der Einsiedelei, wo sie endlich der König fand, ihre Unschuld erkannte und sie wieder zu sich nahm. Bald hernach kam aber der Bettler zum zweiten Mal; da schleppten ihn die Diener vor den Herrn, und nachdem er sich als Werwolf bekannt und seine Ver= brechen eingestanden hatte, wurde er auf einen Wagen gebunden und mit diesem über Felsen in's Meer gestürzt, wo er mit gebrochenen Gliedern versank. — In diesem Märchen ist von dem alten Werwolf nur die thierische Mordgier und das Gebrüll übrig geblieben; von einer wirklichen Verwandlung ist nicht die Rede, und das Wort vlkolak bedeutet über= haupt Zauberer, in welchem Sinn es auch bei den Kroaten und Bosniern gebraucht wird.

Bei den Serben und Neugriechen dagegen, obgleich sie auch an Werwölfe glauben und sie besonders zur Weihnachtszeit fürchten, be= zeichnet vukodlak und βρύχολαξ vorzugsweise den Vampyr.

Zum Vampyr wird, wer im Leben Werwolf war, wie bei den Kleinrussen und den Kassuben in Westpreußen, [1] oder wer von seinen

---

[1] S. Karl's schon citierte Danziger Sage p. 39.

Eltern oder Geistlichen verflucht wurde, oder nach walachischem Glauben wer von zwei unehelich Gezeugten unehelich gezeugt wurde, [1]) oder wer von einem Vampyr getödtet wurde, oder schließlich wer überhaupt von seinem Schicksal dazu bestimmt ist; das letztere zeigt sich vornehmlich daran, daß Einer mit Zähnen [2]) oder mit einer Glückshaube auf die Welt kommt; auch trägt er gleich bei der Geburt einen rothen Fleck am Leibe; [3]) ferner glaubt man, daß er mit zwei Herzen geboren werde, deren eines auf die Ausrottung und Vertilgung des Menschengeschlechts bedacht ist; [4]) nach russischem Glauben wird der Vampyr im Leben daran erkannt, daß ihm der Nasenknochen fehlt oder die Unterlippe gespalten ist. Zum Vampyr kann auch jeder Verstorbene werden, in dessen Leiche der Teufel sich einschleicht oder über dessen Grab eine Katze läuft. [5]) Der Todte behält ein rothes Gesicht und sein linkes Auge bleibt offen stehen; [6]) Raben rühren die Leiche nicht an. [7]) Im Grabe findet er keine Ruhe, über dem Hügel zeigt sich ein Lichtschimmer, er erwacht am vierzigsten Tage, benagt sein Leichentuch, benagt seine Hände, und wenn er nichts mehr im Sarge aufzuzehren findet, so wühlt er sich aus dem Grabe heraus, um zuerst zu seinen nächsten Anverwandten, dann auch zu andern Menschen in's Bett zu schleichen und ihnen das warme Herzblut auszusaugen. [8]) Die Getödteten findet man am andern Morgen mit einer kleinen Bißwunde auf der linken Brust. — Bei den Serben ist der Vampyr ein von einem höllischen Geist am vierzigsten Tage nach der Beerdigung beseelter Leich- nam, er verläßt zur Zeit des Vollmonds sein Grab, und nur seinem

---

[1]) Schott, Walachische Märchen, Stuttg. u. Tüb. 1845, p. 297,

[2]) In Island glaubt man dagegen von Kindern, die mit Zähnen geboren werden, daß sie die Gabe der Dichtung besitzen, und nennt darum solche Zähne skaldagemlur — Dichterzähnchen. Maurer, Isländische Sagen p. 169.

[3]) Mannhardt in Wolfs Zeitschr. f. D. M. IV. 260.

[4]) Ausland vom 4. April 1844.

[5]) Mannhardt, a. a. O. IV., 265.

[6]) Mannhardt, a. a. O. 260.

[7]) Robert, Les Slaves de Turquie, Paris 1844, I., 69.

[8]) Bei den Kassuben läutet der Vampyr, wenn er seine Verwandten getödtet hat, Nachts die Kirchenglocke, und so weit der Schall reicht, muß Alles sterben. Temme, Volkssagen von Pommern und Rügen, Nr. 258.

Weibe schadet er nicht, ja er zeugt noch Kinder mit ihr, welche jedoch
keine Knochen haben. [1]) Dieß ist auch Glaube bei den Albanesen; in
Perlepe sollen mehrere Familien wohnen, die Wampiri heißen und für
die Abkömmlinge solcher Wurwolaks gelten; sie verstehen sich auf die
Kunst, schwärmende Wurwolaks zur Ruhe zu bringen. [2]) — Streut man
vor Schlafengehen Salz auf die Erde und findet Morgens Fußspuren
darin, so ist dieß (den Kleinrussen) ein Zeichen, daß der Todtengänger
mjertovjec in's Haus kommt. Dann sucht man auf dem Kirchhof nach
einem älteren Grab, das frisch aufgeschüttet scheint, [3]) und gräbt die
Leiche aus, die man in der Regel nackt und auf dem Gesichte liegend, [4])
frisch und wohlerhalten findet; nur an den Armen und Beinen sind
Stücke Fleisch ausgerissen, und an den Lippen klebt frisches Blut. Man
schlägt nun beim Todten einen Nagel durch die Stirn oder einen Pfahl
von Eschenholz, auch Hagedorn durch die Brust, wobei er gewöhnlich
dumpf aufstöhnt, sticht ihm den Kopf mit einem neuen Spaten ab, wobei
frisches Blut herausspritzt, und legt ihm denselben zwischen die Beine
oder unter den Arm oder schüttet Erde zwischen Kopf und Rumpf. Das
Pfählen allein hilft selten; denn der Vampyr reißt sich den Pfahl wieder
aus dem Leib und mordet auf's neue. Das beste Mittel ist Verbrennen. [5])

---

[1]) Hanusch, Wolf's Zeitschr. IV., 200.

[2]) Hahn, Albanesische Studien, Wien 1853, I., 163. Die Gegen haben zwei
Gattungen von umgehenden Todten: 1) λjουβγατ, türkische Leichen mit ungeheuren
Nägeln, welche, in ihre Sterbekleider gehüllt, umgehen, was sie finden, verzehren und
Menschen erdrosseln, 2) καρχαντσόλjι, Zigeunerleichen, die besonders im Januar er-
scheinen, mit Ketten beladen; ihr Hauch ist tödtlich. Nach dem Glauben der christlichen
Gegen kann kein Christ zum Gespenst werden; bei den Tosken aber giebt die Religion
kein Vorrecht. Ebend.

[3]) Bei den Serben läßt man einen Knaben auf einem ungesattelten, ganz schwarzen
Hengst, der noch keine Stute besprungen, über die Gräber des Gottesackers reiten; wo
ein Vampyr liegt, bleibt der Hengst stehen und ist durch kein Antreiben vorwärts zu
bringen. Görres, Christliche Mystik, Regensb. 1846, III., p. 282.

[4]) Man begräbt bei den Siebenbürgen die Hexen mit dem Gesicht nach unten, über
ihnen einen Kapendorn (Hundsrosen). Müller, Siebenbürgische Sagen Nr. 148, 149.

[5]) Bei den Neugriechen heißt ein Geisterseher ἀλαφρόστατος; dieser muß den
Priester bei der Beschwörung begleiten, damit er ihm den Augenblick bezeichne, wo der
καταχανᾶς in seinem Grabe sich befindet, und der Priester den Geist theils durch

Doch nicht allein an Lebende macht sich der Vampyr, sondern, wie er sich selbst das todte Fleisch abnagt, so frißt er auch von den Kleidern und dem Fleisch benachbarter Leichen. Daher die Walachen ihre Gräber jedes Jahr am Todestag der Verstorbenen mit Räucherwerk umgehen, um den Vampyr ferne zu halten. [1]) Auch begraben sie ihre Todten mit der sinkenden Sonne, weil sie fürchten, dieselben möchten vor dem Glanz des steigenden Lichts auf Irrwege gerathen und einem umherschweifenden Vampyr zum Opfer werden. [2])

Um die Leichen vor dem Wandern zu bewahren, muß man sie im Grabe beschäftigen; daher stecken ihnen die Walachen Geldstücke oder eine Thon= oder Ziegelscherbe in den Mund, oder man streut den Sarg voll Mohnkörner; dann betrachtet der Todte das Geld und kaut daran, kaut an der Scherbe und zählt die Körner. Andere geben ihm einen Strumpf oder dergleichen mit, daran reißt er jedes Jahr eine Masche auf. An= dere legen ihm einen Stein oder ein mit drei Kreuzen versehenes Stück Espenholz unter's Kinn; [3]) die Ukosken werfen dem Todten etwas Erde auf den Leib und einen schweren Stein auf den Kopf, damit er nicht wiederkehre. [4]) Andere endlich stecken ihm Knoblauch in den Mund. [5]) Eine weitere Vorsichtsmaßregel ist, den eingenähten Namen aus dem Todtenhemd zu schneiden. Man bestreut auch den Weg vom Grabe nach dem Haus, wohin der Todtengänger kam, mit Mohnkörnern; wollte er wiederkommen, so müßte er zuvor die Körner alle auflesen und bleibt daher lieber ferne. — Die Walachen reiben einen verdächtigen Todten mit dem Fett eines Schweines ein, das am Tage vor Weihnacht ge=

Gebete, theils durch die σολομονικὴ βούλα (Salomonis Siegel) zur Ruhe bringen kann. Ausland vom 4. April 1844.

[1]) Schott, Walachische Märchen p. 305.

[2]) Ebend. 302.

[3]) Mannhardt, Wolf, Zeitschr. IV., 261.

[4]) Balvassor, Ehre von Krain II., B. 6, c. 4.

[5]) Knoblauch schützt vor Zauber, besonders auch vor dem bösen Blick. Die Neu= griechen tragen Amulette mit Salz, Kohle und Knoblauch, welche man unter Sprechung folgender Zauberformel umhängt: Σκόρδον κὶ ἁλάτι 'ς τῶν ἐχϑρῶν μας τὰ μάτια! (Knoblauch und Salz soll in den Augen unserer Feinde sein!) Ausland vom 3. April 1844. S. auch Grimm, D.· M. 1031.

schlachtet wurde, und legen zu ihm einen dornigen Stock von wilden Rosen, daß er sich mit den Kleidern darin verwickle, wenn er aufstehen wolle. [1] — Wer von einem Vampyr gebissen wurde, der muß Erde von dessen Grab essen oder von dessen Blut trinken, sonst wird er nach dem Tode gleichfalls Vampyr.

Der Glaube an Vampyre ist die specifisch slavische Form des allgemeinen Gespensterglaubens, der so alt ist wie das Begraben der Todten. Völker, die ihre Todten verbrennen, kennen keine eigentlichen Leichengespenster; ihnen ist, was von dem Brande des Rogus zurückbleibt, nur Asche und ein wesenloser Schatten, σκιῇ εἴκελον ἢ καὶ ὀνείρῳ. [2] So sagt die Mutter des Odysseus im Hades:

$$\text{'}\!A\lambda\lambda' \; \alpha\ddot{v}\tau\eta \; \delta\acute{\iota}\varkappa\eta \; \ddot{\varepsilon}\sigma\tau\iota \; \beta\varrho\sigma\tau\tilde{\omega}\nu \; \ddot{\sigma}\tau\varepsilon \; \varkappa\acute{\varepsilon}\nu \; \tau\varepsilon \; \vartheta\acute{\alpha}\nu\omega\sigma\iota\nu$$
$$\text{O}\dot{v} \; \gamma\grave{\alpha}\varrho \; \ddot{\varepsilon}\tau\iota \; \sigma\acute{\alpha}\varrho\varkappa\alpha\varsigma \; \tau\varepsilon \; \varkappa\alpha\grave{\iota} \; \dot{\sigma}\sigma\tau\acute{\varepsilon}\alpha \; \ddot{\iota}\nu\varepsilon\varsigma \; \ddot{\varepsilon}\chi\sigma\upsilon\sigma\iota\nu,$$
$$\text{'}\!A\lambda\lambda\grave{\alpha} \; \tau\grave{\alpha} \; \mu\grave{\varepsilon}\nu \; \tau\varepsilon \; \pi\upsilon\varrho\grave{\sigma}\varsigma \; \varkappa\varrho\alpha\tau\varepsilon\varrho\grave{\sigma}\nu \; \mu\acute{\varepsilon}\nu\sigma\varsigma \; \alpha\dot{\iota}\vartheta\sigma\mu\acute{\varepsilon}\nu\sigma\iota\sigma$$
$$\varDelta\alpha\mu\nu\tilde{\alpha}, \; \dot{\varepsilon}\pi\varepsilon\grave{\iota} \; \varkappa\varepsilon \; \pi\varrho\tilde{\omega}\tau\alpha \; \lambda\acute{\iota}\pi\eta \; \lambda\varepsilon\acute{v}\varkappa' \; \dot{\sigma}\sigma\tau\acute{\varepsilon}\alpha \; \vartheta\upsilon\mu\acute{\sigma}\varsigma.$$
$$\varPsi\upsilon\chi\grave{\eta} \; \delta' \; \dot{\eta}\acute{v}\tau' \; \ddot{\sigma}\nu\varepsilon\iota\varrho\sigma\varsigma \; \dot{\alpha}\pi\sigma\pi\tau\alpha\mu\acute{\varepsilon}\nu\eta \; \pi\varepsilon\pi\acute{\sigma}\tau\eta\tau\alpha\iota. \; [3]$$

Den begrabenen Todten aber wird, so lange sie noch die äußere Form des Lebens tragen, von der Phantasie des Volks ein eigenthümliches Halbleben zugeschrieben, sei es nun, daß sich Dämonen des Leibes bemächtigen, wie die indischen Vetalas und Pisachas, [4] oder daß dieser selbst aus der Ruhe des Grabes durch eine ungesühnte — eigene oder fremde — Schuld vertrieben oder von einem gleichsam instinctiven Drang bewegt wird, durch lebendiges Blut sein gespenstiges Dasein vor der Verwesung zu schützen und die noch Lebenden zu seines Gleichen zu machen. Seine scheinbare Bestätigung erhielt dieser Glaube durch Wiederausgraben unverwester oder in andere Lage gekommener Leichen. [5]

---

[1] Schott, Walachische Märchen p. 298.

[2] Odyss. XI., 207.

[3] Od. XI., 218 ff.

[4] Auch im Mittelalter kommen Sagen vor, wo Teufel in eine Leiche fahren und sie gleich einem Lebenden sich benehmen lassen, s. z. B. die Geschichte des Edelmanns zu Paris, den der Teufel in der schönen Leiche eines gehenkten Mädchens verführt. Wolf, Zeitschrift f. D. M. IV., 87.

[5] S. Actenmäßige und umständliche Relation von denen Vampyren oder Menschen-

Unter den Germanen begegnen wir ganz ähnlichen Vorstellungen, besonders im Norden; man denke an die isländischen Wiedergänger, — Leichen, welche ihr Grab verlassen und umgehen, mit Lebenden ringen, furchtbar durch die übermenschliche Todtenstärke, und Gemeinschaft mit Weibern pflegen. [1] Man findet sie im Grabe unverwest mit rother Gesichtsfarbe und schlägt ihnen zur Abwehr einen Nagel durch die Sohle. [2] Darunter sind besonders Mädchen, die sich aus Liebesgram getödtet haben und nun umgehen, um dem Geliebten und den Seinigen zu schaden. — Auch in Deutschland ist dieser Glaube heimisch. Todte ziehen Lebende nach; ich erinnere nur an die Sage von Lenore, die auch in einem isländischen Volkslied wiederkehrt. [3] — Eine von ihrem Mann ermordete Frau kommt Nachts zum Pfarrer, offenbart ihm, was geschehen, und fordert ihn auf, zum Wahrzeichen seinen Ring in ihre Kopfwunde zu legen. Als man die Leiche ausgräbt, findet man den Ring an derselben Stelle. [4] — Hier ist von wirklichen Gespenstern, nicht von Geistern die Rede. — Vampyrsagen in Deutschland erscheinen besonders im Gefolge der Pest; so kam man in Hessen, als die Pest lange anhielt, auf den Argwohn, daß das „Umsichfressen" der Todten daran schuld sei. Im Schmalkalbischen riß man die Gräber wieder auf und stach den Leichen mit einem Spaten die Köpfe ab. So hörte man zu Helsa im Jahr 1558 eine Haustochter, die überaus geizig gewesen, in ihrem Grabe fortwährend schmatzen, „wie ein grober Mensch oder eine Sau zu thun pflegt", und als man sie aufgegraben, hatte sie das Kleid weit umher aufgefressen. Da wurde ihr der Kopf abgestochen, und das Fressen und Sterben hatte ein Ende. [5] — Der Erste, der an einer Seuche starb, sitzt aufrecht im

---

saugern, welche sich in diesem und vorigen Jahren im Königreich Serbien hervorgethan 1732, 8. Die Ausgrabungen wurden auf Befehl Kaiser Karl VI. von Prinz Alexander von Württemberg, der damals Statthalter von Serbien war, angeordnet.

[1] Maurer, Isländische Sagen p. 112, 300.

[2] Ebend. 57.

[3] Ebend. 73. Aehnlich in einem neugriechischen Volkslied: Kind, Anthologie neugriechischer Volkslieder, Leipz. 1861, p. 96 ff.

[4] Baader, Volkssagen aus dem Lande Baden Nr. 91.

[5] Lyncker, Deutsche Sagen und Sitten Nr. 192. — Von Vampyren handelt Luther in den Tischreden, Werke, herausg. von Walch, Bd. XXII., p. 1162.

Grabe und verzehrt sein Laken, und die Seuche dauert, bis er es ganz verzehrt hat, wenn man ihn nicht zuvor ausgräbt und ihm mit einem Spaten den Kopf absticht. [1] — So wurde auch die Cholera in der Gegend von Konitz auf die Blutsauger geschoben; Blutsauger, Gierrach, Gierhals, Begierig, Unbegier sind die deutschen Namen des Vampyr, und das preußische Landvolk glaubt heute noch daran. [2] Die Blutsauger lieben besonders das Blut von Jungfrauen. [3]

In Thessalien, Epirus und bei den Wlachen im Pindus glaubt man an lebendige Vampyre, — Menschen, die aus Mordlust Nachts aus ihren Hütten schleichen und herumschweifen, um alles Lebende, das ihnen begegnet, anzufallen; sie haben besondere Lust nach Mädchenblut und vermischen sich häufig mit dem weiblichen Dämon Viechtiza. [4]

---

[1] Tettau und Temme, die Volkssagen Ostpreußens p. 277. Davon erzählt auch Kornmann, De miraculis mortuorum 1610, Pars VII., Cap. 64: De muliere mortua seipsam devorante. Man legt dem Todten einen Stein oder eine Münze in den Mund, daß er beim Beißen auf diese harten Gegenstände stoße und ablasse. Dieß soll häufig in Sachsen geschehen. Gabriel Rollenhagius, L. IV. De mirabilibus peregrinis c. 20, Nr. 5. — Damit der Doppelsauger nicht aus dem Grabe wiederkomme, muß man ihm ein Stück Geld in den Mund stecken. Kuhn, Märkische Sagen p. 382.

[2] S. Tettau und Temme, a. a. O. p. 275: den berühmten Fall in der Wollschläger'schen Familie im vorigen Jahrhundert.

[3] Karl, Danziger Sagen p. 38. Verwandt mit dem Vampyr ist der Alp, die Nachtmahr, welche Nachts die Leute drückt; im Vorarlberg heißt dieses Gespenst Doggi, es legt sich Nachts über schlummernde Kinder und saugt ihnen die Brustwarzen wund. Vonbun, Sagen Vorarlbergs p. 23. Doggele heißt dieses Wesen auch im Elsaß und hat eine zusammengeknäuelte Thierform. Stöber, Sagen des Elsaß p. 30. Stalder, Schweizerisches Idioticon p. 287: doggeli, doggi — incubus. In Schwaben heißt es Schrettele und drückt die Kinder dergestalt, daß ihnen die Brüste schwellen wie erwachsenen Mädchen und Milch geben. Meier, Schwäbische Sagen I., 172 f. ec. In Flandern heißt Blutsauger ein krötenähnliches Thier, das keuschen Mädchen in den Leib kriecht und 9 Monate lang denselben wie eine Schwangerschaft anschwellt. Wolf, deutsche Sagen Nr. 363. — Blutsauger, die im Leib krebs- oder krötenähnlich umkriechende Bermutter f. Schmeller, Bair. Wörterb. I., 188; Grimm, Deutsche Myth. 1132.

[4] Robert, Les Slaves de Turquie, Paris 1844, I., 69. Ihr Name lautet auch vestica — Wahrsagerin; sie wird als ein Geist mit Feuerflügeln gedacht, der oft den ermüdeten Kriegern neue Kraft und neuen Muth einhaucht, oft aber auch in Gestalt eines Wolfs oder einer Hyäne den Müttern ihre Kinder raubt. Jordan, Slavische Jahrbücher 1844, II., 216. — Hanusch, Wolf's Zeitschr. IV., 195. S. weiter über die vjeschtitza der Serben bei Grimm, D. M. 1031.

Hiedurch werden wir auf die Verwandtschaft zwischen Vampyr und Wer=
wolf zurückgeführt. Beiden gemeinsam ist ein unersättlicher Mordburst,
eine unerbittliche Feindschaft gegen die Menschen, beide haben übernatür=
liche Kräfte und üben nächtlicher Weile ihre blutigen Thaten. Ihre
ursprüngliche Verschiedenheit liegt nur darin, daß der Werwolf ein in
verwandelter Gestalt umgehender lebender Mensch, der Vampyr eine um=
gehende Leiche ist. Doch auch diese wesentlichen Vorstellungen haben sich
vermischt: wir begegneten schon in Deutschland und in der Normandie [1]
gespenstigen Werwölfen, und diese sind im Grunde nichts anderes als
Vampyre in Wolfsgestalt, denn auch der Vampyr kann jede beliebige
Gestalt annehmen. [2] — Nach preußischem Glauben wird jeder, der im
Leben Werwolf war, im Tode Vampyr. [3] Die oben genannten leben=
digen Vampyre aber verlieren ihre wesentlichste Eigenschaft und kommen
dem gewöhnlichen Werwolf ganz nahe; auch dieser trinkt und saugt mit
gieriger Lust Menschenblut, während auf der andern Seite der Vampyr
nach Wolfessitte von Leichen frißt. [4]

Ein mit Werwolf und Vampyr verwandtes Wesen ist der walachische
Priccolitsch, — ein lebender Mensch, der Nachts als Hund umherschweift
und auf seinen Zügen Pferde, Rinder, Schafe, Schweine, Ziegen u. s. w.
durch Anstreifen tödtet und deren Lebenssäfte an sich zieht, weßhalb er
stets gesund und blühend aussieht. Er hat einen förmlichen Hundsschwanz
als Rückgratsfortsatz. [5] Ein weibliches Ungeheuer dieser Art heißt

---

[1] Verwandlungen nach dem Tod in Thiergestalt erwähnt auch Wojcicki, Polnische
Sagen p. 7.

[2] Schott, Walachische Märchen p. 297.

[3] Karl, Danziger Sagen p. 38.

[4] Näheres über den Vampyr bei Collin de Plancy, Histoire des Vampires,
Paris 1820. — Horst, Zauberbibliothek, 1. Theil, Mainz 1821, p. 251 ff. — Ranftii
de masticatione mortuorum in tumulis liber., Lips. 1728, 8. Ueberf. Michael
Ranfts, Diaconi zu Nebra, Traktat von dem Kauen und Schmatzen der Todten in
Gräbern, Leipzig 1734. — Nork in Scheible's Kloster XII., 686. — Hanusch und
Mannhardt in Wolf's Zeitschr. IV., 198, 259 ff. — Weitere Schriften aufgeführt in
Gräße's Bibliotheca Magica et Pneumatica, Leipz. 1843, p. 21.

[5] An geschwänzte Menschen glaubt man in Albanien, Griechenland und Kleinasien.
Hahn, Albanesische Studien I., 163. Auch die Hexen in Siebenbürgen werden an einem

Priccolitschone. Der Priccolitsch soll viel häufiger vorkommen als der Murony [1]) (walach. Vampyr); der Umstand, daß er lebend in verwandelter Gestalt umherschweift, nähert ihn dem Werwolf; der aber, daß er fremde Lebenssäfte an sich zieht, um selber frisch und blühend auszusehen, bringt ihn mit dem Vampyr zusammen.

Auch die Indianer in Nordamerika haben Sagen von Thierverwandlung. Ihre heiligen Thiere sind besonders der Bär, der Büffel und der Biber. [2]) Ihre Genien haben Hasengestalt. [3]) Sie glauben an eine Seelenwanderung durch Thierleiber. [4]) — Der Menschenleib ist ablegbar wie ein Kleid, so in der schönen Erzählung: des Jägers Traum. Ein Jüngling folgt seiner todten Geliebten südwärts aus dem Land des Eises in das milde Sonnenland der Seligen; am Eingang desselben muß er bei einem greisen Wächter seinen Leib zurücklassen und bald findet er auf einer schönen Insel die Seele seines Mädchens; aber der unsichtbare Herr des Lebens ruft ihm zu: „Kehre zurück, nimm deinen Leib wieder und werde ein tapferer Krieger! Dann, wenn du deinen vorgeschriebenen Lauf vollendet hast, sollst du mit der Geliebten auf immer vereint werden." [5]) — Ogim-a-wisch, ein sehr alter, und blinder Häuptling von der Westküste des Michigansees erzählt folgende Sage: Ein weißer Mann, der die Indianersprache gelernt hatte, sagte, daß die Indianer in der Schlacht den Augen der Weißen wie Thiere des Waldes und Raubvögel erscheinen, die fortwährend ihre Gestalt mit einer andern vertauschen und vor Kugeln durch Zauber geschützt sind. Der Alte erklärt, dieß bewirke eine Salbe von Pflanzensaft — pezhikawusk genannt, — mit der sie sich vor dem Kampf die Leiber einreiben. [6]) —

Schwänzchen erkannt, eine ist sogar bei Müller, Siebenb. S. Nr. 150, 158. — Blutsaugerin — und gleicht somit völlig der Priccolitschone: sie wird geschwemmt und bringt wohl ihren Körper völlig unter Wasser, aber das Schwänzchen ragt hervor, und sie wird verbrannt. — Das Schwänzchen erscheint auch als Holda's Attribut. Grimm, D. M. 249.

[1]) Schott, Walach. Märchen p. 298.
[2]) Schoolcraft, Indian Tribes of the united states, Philadelphia 1851, v. p. 420.
[3]) Ebend. III., 321.
[4]) Scherr, Geschichte der Religion, Leipz. 1865, Bd. I, p. 26.
[5]) Ebend. I., 321.
[6]) Ebend. III., 491.

Eine chippewayische Sage berichtet von einem gewissen Shingebiss, daß
er zur Ente wurde und wieder zum Menschen, sobald es ihm beliebte,
und es brauchte weiter nichts, als daß er das eine oder das andere
wollte. [1] — Auch verwandelnde Hemden finden sich; so wird in Jones
Traditions II, 19 erzählt, daß sich einer von den Indianern der Urwelt
an den Ufern des Great-Bear Sees niederließ. Er hatte einige junge
Hunde, und immer, wenn er von der Fischerei zurückkehrte, hörte er,
indem er sich dem Zelte näherte, innerhalb desselben ein Geräusch, welches
dem Plaudern, Lachen, Schreien und Weinen von Kindern glich; jedoch
fand er beim Eintreten immer nur die jungen Hunde. Eines Tags nun
verbarg er sich in der Nähe und stürzte, als er wieder das Geräusch
hörte, plötzlich in das Zelt, wo er einige schöne Kinder lachend und
scherzend fand, mit den Hundebälgen neben sich. Letztere warf er rasch
ins Feuer, worauf die Kinder ihre Gestalt behielten und später die
Stammeltern des Dog-Rib-Stammes wurden. [2] — Eigenthümlich sind
folgende Erzählungen: Ein alter Indianer ließ seinen Sohn zur Probe
seiner Ausdauer zwölf Tage fasten; jeden Morgen besuchte er ihn und
sprach ihm Muth ein; der Sohn gehorchte, obgleich er zu sterben meinte.
Am zwölften Morgen wurde der Verschmachtende in ein schönes Roth=
kehlchen verwandelt und rief seinem wiederkehrenden Vater zu: „Beklage
mich nicht! Ich bin glücklicher so, als wenn ich Mensch geblieben wäre.
Ich konnte deinen Stolz als Krieger nicht erlaben, aber ich will dich
durch meinen Gesang erfreuen, daß du so fröhlich werdest wie ich; denn
ich bin frei von Sorg' und Schmerz." [3] — Hier ist der Sohn wohl
als gestorben zu betrachten, und der Vogel ist seine verwandelte Seele.
Von ganz besonderem Interesse für unsere Untersuchung ist aber die
Sage vom Bruder Wolf. [4] Ein Indianer, der mit seiner Familie
einsam am Ufer eines abgelegenen Sees wohnte, ließ sich von seinen

---

[1] Ebend. III., 324.

[2] Gervasius von Liebrecht p. 169.

[3] Ebend. II., 229.

[4] Ebend. II., 232—34. S. auch Schoolcraft, the Myth of Hiawatha and other
oral legends, Philadelphia 1856, p. 136 und 339.

beiden älteren Kindern, einem Knaben und einem Mädchen, auf dem Sterbebette versprechen, daß sie ihren jüngeren Bruder, der zart und schwächlich war, nicht verlassen wollten. Mit der Zeit aber vergaßen jene ihr Gelübde, der Bruder gieng in die Welt, die Schwester folgte ihm zu den Wohnsitzen der Menschen und vermählte sich dort. Der Kleine blieb in der Wildniß allein; im Sommer nährte er sich von Beeren, im Winter trieb ihn der Hunger zu den Wölfen, die ihr Futter mitleidig mit ihm theilten. Als der Frühling wieder kam, schweifte er mit den Wölfen durch das Land. Sein Bruder fischte eines Tags in einer entfernten Bucht des Sees, als er aus der Wildniß den Schrei eines Kindes hörte; er ruderte dem Lande zu, da sah er seinen kleinen Bruder, der mit klagender Stimme sang:

Nesia, Nesia
Shyegwuh goosuh!
Ni my een gwun iewh!
Ni my een gwun iewh!
Heo hwooh.

Nesia, mein Bruder, o sieh! ich werde zum Wolf, ich werde zum Wolf!

Am Schluß seines Gesanges heulte er wie ein Wolf. Als der ältere Bruder dem Gestade näher kam, sah er mit Entsetzen, daß das Kind schon halb in einen Wolf verwandelt war. Er sprang an's Land, um ihn in seine Arme zu fassen, und rief: „Mein Bruder, mein Bruder, komm zu mir!" Der Knabe entschlüpfte ihm aber und entfloh, indem er seinen klagenden Gesang von neuem anstimmte. Der Bruder rief ihm lauter und folgte ihm in Angst; aber je näher er ihm kam, um so schneller gieng die Verwandlung von Statten; der Knabe sang sein Lied und heulte darnach und rief bald den Namen seines Bruders, bald den seiner Schwester, bis er endlich schrie: „Ich bin ein Wolf" und in der Wildniß verschwand. — Hier kommt eine bis jetzt noch nicht berührte Vorstellung ins Spiel, welche Hakewill [1]) als einen Haupterklärungsgrund für die Entstehung der Werwolfssage hervorgehoben hat: der Glaube, daß

---

[1]) An Apologie of the Power and Providence of God, Oxford 1627, p. 11. Verwandt ist hiemit die oben (p. 97) erwähnte Geschichte von Raimbaud de Ponto, der, in den Wäldern der Auvergne umherirrend, aus Verzweiflung zum Wolf wird. Gervasius, herausgeg. v. Liebrecht p. 51.

Menschen, die unter Thieren aufwachsen und in enger Gemeinschaft mit ihnen leben, mit dem thierischen Wesen auch thierische Gestalt annehmen.

Damit mag es der einzelnen Sagen genug sein. Werfen wir zum Schluß einen Rückblick auf die durchwanderten Länder, so sehen wir, daß unter den verschiedensten Himmelsstrichen, unter den fremdesten Völkern der Glaube an Thierverwandlung einheimisch, daß dieser, wie der Glaube an Zauberkünste überhaupt, ein allgemein menschlicher ist. Die eigen= thümliche Entwicklung der Werwolfsagen aber finden wir vorzugsweise auf eine bestimmte Völkergruppe concentriert, auf die aus der mittelasiatischen Urheimat westwärts gewanderten arischen Stämme der Griechen, Römer, Kelten, Germanen und Slaven; bei den jenen alten Sitzen näher gebliebenen südwärts gezogenen Stämmen der Inder und Iranier sind uns gleiche Sagen nicht begegnet. Ob der Ursprung derselben allen west= lichen Stämmen zusammengenommen, oder nur einem einzelnen darunter zu vindicieren sei, läßt sich mit Sicherheit nicht entscheiden. Am massen= haftesten treten die Werwölfe bei den Slaven auf, und ihnen gehört die älteste historische Erwähnung der Sage.¹) Doch weist der griechische Mythus von Lykaon und den arkadischen Werwölfen in weit fernere Vergangenheit zurück. Und wer will das Alter der Sage bei den Kelten von Irland und Armorica, wer den ersten Anfang jener urwaldwüchsigen Wolfssage von Sigmund und Sinfjötli historisch bestimmen?

Allen jenen ältesten Ueberlieferungen gemeinsam ist die periodische Dauer der Verwandlung. Bei den Neuren kehrt diese alle Jahre wieder und währt jedesmal nur einige Tage, ebenso bei den Liefländern (zwölf Tage, p. 114); einer alljährlichen Verwandlung begegneten wir auch in Irland in der Grafschaft Tipperary (p. 112)²). Größere Zeiträume nennen die übrigen Sagen: bei den Arkadiern dauert die Verwandlung bis

---

¹) Herodot IV. c. 105, sofern das slavische Blut der skythischen Neuren erwiesen ist, s. oben p. 114.

²) Mehrere Male im Jahr: um Weihnacht und Johanni in Polen, p. 117; Spuren in der russischen Weihnachtsfeier, p. 120; zur Weihnacht und Charwoche in Mytilene,

in's zehnte Jahr (p. 37), sieben Jahre in Armenien (p. 28) und bei den Offyrienses auf Irland (p. 112), vier oder sieben Jahre in der Normandie (p. 108), sieben Jahre in einer polnischen Sage (p. 118, Z. 15.)

Diese periodische Regelmäßigkeit der Verwandlung deutet (wenigstens bei Griechen, Slaven und Kelten) mit Sicherheit auf bestimmt wieder= kehrende Cultusvorgänge, auf Sühnfeste zu Ehren der verderblichen Na= turgewalten, wo sich entweder das ganze Volk, wie bei den Neuren und Liefländern, dem wölfischen Gott symbolisch zum Diener weihte, oder Einzelne, wie in den übrigen Sagen, als erlesene Vertreter des Gesammt= volks den Fluch dieser Dienstbarkeit in die einsame Wildniß trugen. Daran knüpft sich der altgermanische Rechtsbrauch, die Geächteten, aus der menschlichen Gemeinschaft in das friedlose Thierleben des Waldes Ver= stoßenen für Wölfe zu erklären.

In der christlichen Zeit, wo man die Existenz der heidnischen Götter zugab, um sie für Teufel erklären zu können, wurde der heidnische Cultus zum Greuel der Teufelsanbetung, die Diener der Götter zu Teufelsdienern,[1]) und hier entstand mit dem Hexenglauben die Vorstellung von Menschen, die sich mit Hilfe des Satans aus reiner Mordlust zu Wölfen verwan= deln. So wurde der Werwolf in düster poetischer Symbolik das Bild des thierisch Dämonischen in der Menschennatur, der unersättlichen ge= sammtfeindlichen Selbstsucht, welche alten und modernen Pessimisten den harten Spruch in den Mund legte: Homo homini lupus.

---

p. 121; um die Adventszeit bis Lichtmeß, Departement Manche, p. 109; in den Zwölf= ten in Deutschland, Kuhn und Schwartz, Norddeutsche Sagen, p. 412; Kuhn, Märkische Sagen, B. 41; mit jedem Neumond bei Gervasius, p. 97; allmonatlich auch bei dem Bauern von Ottensee, p. 82; jeden Montag, Mittwoch und Samstag beim abnehmenden Mond im Prozeß des jungen Grenier, p. 103; wöchentlich dreimal im Lai de Bis= claveret p. 91.

[1]) 1. Corinther X, 20, 21.

Berichtigungen.

p. 28, Z. 17 l. dagegen st. mit diesen, gewinnen st. gewinnt. — p. 32, Z. 18—21 der Satz: „λυκηγενής — herzuleiten" ist zu streichen; λυκηγενής heißt lichtgeboren. — p. 36, Z. 5 l. Τραπεζούς. — p. 41, B. 1 l. ἀλλάττειν. — p. 70, Anmerkung 2 l. wërwolf.